U0016524

撞牆教養學

用 12 個練習理解孩子，將衝突化爲溝通的轉機

童童老師——著

目　　錄
CONTENTS

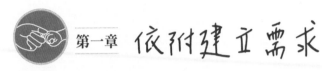

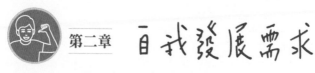

第二章 自我發展需求

認識自己，收獲自我動力與自己價值

第三章 情緒發展需求

面對情緒，了解情緒要告訴我們的事

3-4 如何幫助情緒中的孩子？

【自序】
看見孩子的需求，是化解衝突的第一步

孩子強強是我遇過的孩子中，最讓我緊張，卻也最快解除衝突的孩子。

剛上小班的第一週，強強不是在同學身上留下咬痕，就是對同學做出攻擊的舉動，導致全班同學都曾與他發生衝突，無一倖免。

「無緣無故，就突然攻擊同學嗎？」

「對！老師也有錄下監視器的影片，而且真的是我們家強強的問題，同學就只是走過他旁邊而已，他就突然扯同學的頭髮，扯到同學尖叫還不停下來。」

強強媽媽只好挨家挨戶的道歉，而每天送孩子上學對媽媽來說，就成為壓力的開始。要不上午才剛過，午餐時間就接到電話，要不中午去學校接孩子時看到老師一臉難色。

「把全班都打了一遍？我真的還沒遇過這種情況。」

「童童老師，我該怎麼辦？學校老師說，如果強強再繼續這樣下去，那學校可能也沒辦法收他了！其實我們已經

很感謝學校了，沒有直接叫我們退學，而是希望我們先接受早療評估，看有沒有什麼辦法可以幫助孩子。」

「我了解了，那我們就先來討論看看有哪些方向可以介入，才能引導強強不要在學校繼續發生衝突。」

從評估結果來看，強強大多數的能力都不錯。但有一點比較弱的地方，剛好也跟強強出現攻擊行為的部分相關。

我們發現強強雖然都能聽懂指令，也能跟別人進行簡單的對話，但在對話時回答的速度比較慢，而且常常會想很久，或乾脆用動作來表示。

不僅如此，當要求強強描述情況時，他也只會說出單字，而不是句子，這點也跟語言治療師做的評估結果相符。

也就是說，強強的語言理解沒問題，他能聽懂以及處理別人講的話，但語言表達比起同齡的孩子來得弱，所以常常會有想要說話，卻不知道該怎麼說出口的狀況。

「那跟強強出現攻擊行為有什麼關係呢？」

「當我們有想要表達的想法或需求，卻又講不出口時，就很容易因此出現情緒。而強強也因為這樣，才會選擇用肢體動作，來當作無法用口語溝通時的方法！」

「老師你這麼說我就懂了，強強真的很容易因為說不出來而生氣，不過為什麼全班同學都會被他打呢？」

「以這個年紀孩子容易出現攻擊行為的原因來推論，我猜他可能是想找同學一起玩，但說不出來，也沒人理他，所以才會發展出『用打人來吸引同學關注』的模式。一個同學不行，就換下一個。

　　「如果是因為這個原因，我們初期就一定要先引導強強把想法講出來，並務必讓他複誦一次句子，他才能學到下次發生這樣的狀況時，該如何說出口。

　　「比如先跟強強說：『同學都不跟你玩，所以你很難過對不對？那你自己要說，我可以跟你玩嗎？』同學才知道你要跟他們玩喔！」

　　當然，根本上的問題，還是要從加強強強的語言表達能力，增加詞彙量、學會用比較有架構的方式描述事件等，才不會出現想講卻講不出來的情況。

　　後來我又跟媽媽聊了些訓練的方向，也約了下一次上課的時間，但心裡隱隱還是擔憂，就怕一個萬一，強強的攻擊行為對同學造成有安全疑慮的傷害。

　　但面對出現攻擊行為的孩子又怕操之過急，適得其反。

　　因此在下一次上課前，我想過要打電話關心，卻又怕一直詢問給爸媽壓力，也想著如果有突發狀況的話，家長應該會主動打電話給我。想著想著，一週的時間就到了。

「老師，強強已經三天沒有出現攻擊行為了！」

「這樣很棒耶！那我先跟強強上課，上完課再跟媽媽聊喔！」

　　當然，強強的語言能力不可能在一個禮拜內就突飛猛進，所以我們還是將上課目標放在情緒詞彙的命名，好讓強強知道不同的情緒狀態可以用什麼方式表達，也與語言治療師合作，引導強強用有結構的方式描述玩過的遊戲。

　　上完課後，我迫不及待地想知道強強在學校的進步。媽媽說，前兩天我們照著老師教的方法跟強強溝通，但要他仿說時，不管怎麼威脅利誘，強強就是不願意練習！

「爸爸和我也想說沒有那麼快就能夠成功，就沒有逼強強第一天一定要說出來。

「結果到第二天晚上，我們在引導強強時，爸爸突然靈機一動，問強強是不是因為不喜歡同學靠他太近，他才動手，結果強強竟然點點頭，然後就跟著說了出來！」

　　原來是不喜歡被別人碰！我驚訝了一下，也檢討著原來強強出現攻擊行為的行為，跟我一開始設想的不一樣。

「媽媽有特別跟強強討論，怎麼解決他不想同學靠得

太近這件事嗎？」

「第一次問出來的時候沒有耶！因為沒有想到真的是這個答案，所以我們也沒想到要跟說怎麼解決！我們只有告訴強強說，爸爸媽媽知道了，會幫他一起想辦法。」

聽到媽媽這樣說，我實在很感動，也有很深的感悟。

因為當爸爸媽媽說出：**「爸爸媽媽知道了，會幫忙一起想辦法」**這句話時，對孩子來說，是多麼的重要！

我們常常在處理衝突時，只針對了孩子「看得見」的行為進行處理。於是處罰也好，溝通這樣不能做也好，在過程中被忽略的，就會是孩子行為出現的原因：**「我會發生衝突，是因為我還不知道自己的需求與他人產生碰撞時，該怎麼解決。」**

而強強危機的解除，靠的就只是家長「講出、並同理孩子的需求」這件事而已。不過，也就是因為「講出來了」，所以孩子的需求被「看」到了；也就是因為「同理了」，強強才因此知道「原來，爸爸媽媽是站在我這邊的」。

這樣看來，**孩子發生的這些衝突，其實就好像他發出來的求救訊號，而當訊號被發現時，孩子就沒有必要再繼續用衝突來求救了。**

當然，也不是每次引導都能那麼順利，比如一開始，

連我也都猜錯強強的需求；也有一些時候，是即使孩子的需求被看見了，但在還沒學會如何用適當的方式溝通之前，衝突仍有可能會繼續發生。

不過**最困難的地方，就在於我們要如何從孩子的外顯行為中，抽絲剝繭出孩子真正的需求本質。**

因此，我希望大家能藉由這本書的介紹，知道「孩子想說什麼」，也開始把聽見孩子想說的話，當作與孩子溝通的第一步。

當我們開始試著這樣做時，就能陪伴孩子「在需求被看見中成長」，而不是在孩子不斷地發出求救訊號後漠視他。

最後，期待孩子所有發生過的衝突，都能在被看見後成為溝通的契機；也期待所有孩子，都能慢慢地學會如何在不與他人或自己產生衝突之下，擁抱自己的需求。

第一章

依附建立需求

讓我們把心中最柔軟的地方，
留給彼此

1-1　作為父母的定位

🏠 孩子為什麼需要父母？

每當我丟出這個問題時，總會出現許多不同的答案。而這些基於不同角度的答案，也總能延伸出許許多多的思考方向。

在正式進入主題之前，我也想先藉由這個問題——「你覺得，孩子為什麼需要父母呢？」來進行一個小小的討論。

孩子為什麼需要父母呢？

我覺得孩子需要父母，是因為需要父母 ＿＿＿＿＿＿＿ 。

（請大家繼續看下去前先思考一下，並把答案填在上方空格處。）

與大家討論這個題目的原因，並不是要探討答案的對錯，而是我們在某種程度上，多多少少會因為這些答案，而使得我們在教養決策偏重在某些層面的引導。

例如我覺得孩子需要父母，是因為孩子需要父母「才能生存」。那麼，我或許就將自己定位成一位「保護者」，而常跟孩子基於「你需要我的保護」來討論：要隨時跟在我身邊、不能離開我的視線等。

從下表中我們可以發現，我們或多或少可能因為自己的「父母定位」，展現出不同的「引導方式」：

孩子需要父母，是因為需要父母……

	父母定位	引導方式
1	教導他們分辨對錯	跟孩子討論對錯，鼓勵孩子做對的事。
2	幫助約束行為	跟孩子討論什麼事能做，什麼不能，或者要他在做事之前，先問父母。
3	幫助融入社會	跟孩子討論，在團體裡應該怎麼表現、怎麼做才能交到朋友？分享的重要性等。
4	提供機會讓孩子發展	在意孩子在練習中，有沒有因此成長、有所學習。
5	作為模仿的對象	希望在成長過程中，孩子能以父母做為榜樣。
6	包容情緒	詢問孩子感覺心情如何？是不是因為什麼事所以不開心？
7	提供物質需求	詢問孩子夠不夠？還需不需要什麼？
8	提供正確的價值觀	導正孩子的思考，建立正確的人生觀、金錢觀、道德觀等。
9	引導孩子的人格發展	常跟孩子強調「誠實」「正直」「大方」「有自信」「善良」的重要性等。

10	陪伴	在意跟孩子「在一起」的時間多寡、或者有沒有安排與孩子相處的機會。
11	提供愛	在意自己提供的方式是否合乎「愛的教育」？反省自己沒有給予足夠的包容，或者避免用責罵、懲罰等負面的方式教育孩子。
12	保護安全	跟孩子討論時，基於「你需要我的保護」進行溝通，比如要隨時跟在父母身邊、不能離開父母的視線等。

不過，在這些我們認為孩子需要父母的原因中，有沒有哪些是其他大人都取代不了，只有父母能做到的事呢？如果有的話，那這件事，會不會比其它的原因都還要來得重要呢？

美國的心理學家約翰・鮑比（John Bowlby）即試圖從他的研究中釐清這個部分。

他發現，當**孩子一旦「長期」、且「在特定年齡階段」失去與主要照顧者互動的機會，那麼即使孩子能夠在其他大人提供食物、住所、及教育下安全的長大，孩子的情緒發展也將受到相當程度、且不可逆的影響。**

隨後，約翰‧鮑比也將他的發現整理成著名的「依附理論」——亦即**「孩子需要父母，是因為他們有與父母建立依附關係的需求」**。

　　因此，不管我們認為孩子需要父母的原因，是上述眾多原因的哪一項都沒關係，畢竟這是我們所在意的部分。

　　但從依附理論的角度來看，孩子需要與主要照顧者建立依附關係的需求，就是誰都無法取代，只有主要照顧者能夠給的。

　　（這裡要強調一下，依附關係的建立靠的並不是基因，所以跟是否為「親生」父母並無關係。而是主要照顧者與孩子互動的品質與方式，才會影響依附關係建立的程度。所以後面的父母，都將會以「主要照顧者」來介紹喔！）

　　就在許多理論與實證不斷地補充，以及腦科學研究的盛行之下，我們對依附關係的了解，也與一開始約翰‧鮑比提出來時，有些許的不同了。

　　因此，我們就在接下來的篇幅中，來聊聊依附關係是如何形成的、孩子為何會有依附的需求，以及作為主要照顧者的我們，可以怎麼提供及滿足如是的需求。

　　最後，除了藉由「孩子為什麼需要父母」的討論，帶入接下來的重點——依附關係之外，「父母定位」的思考或

許還有另一層值得探討的方向：**我們有沒有發現，我們常與孩子發生衝突的點，是否就來自於這些父母定位呢？**

比如說，我是一位認為「約束孩子行為」很重要的父母，那麼我不僅常常在「行為修正」這件事上會與孩子有所衝突，會不會也容易因此太在意行為的處理，而忽略孩子的情緒需求呢？

又比如說，我是一位提倡孩子需要愛的父母，那麼，我會不會因此把「愛的教育」當作問題解決的方法，而忽略了孩子需要父母提供「愛」以外的解決策略呢？

而在這些衝突底下，**何嘗不是因為親子關係被建立在「對彼此的需求是單向的」這件事上呢？**

只有父母認為這件事是重要的，因此要求孩子去做，但對孩子而言，根本不是他想做的；又或者相反，是孩子想要，但父母沒有發現。

要打破如此需求不平衡的循環，我們或許可以思考，孩子之於父母，以及父母之於孩子，有沒有什麼是一開始被我們忽略、卻是彼此都想要，而能將關係更加拉近的方式喔！

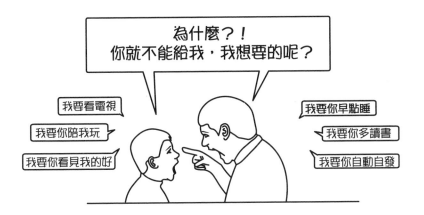

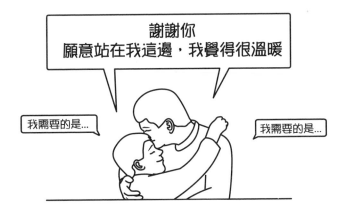

當需求只是單方向時，會讓彼此越來越疏離。
有沒有什麼方式可以讓需求平衡，將彼此拉近呢？

1-2 孩子是怎麼認識主要照顧者的？

🏠 前六個月的大腦：適應這個世界的感覺訊息

對於嬰兒來說，剛出生的世界是個全然未知、從未接觸過的環境。

因此即使「生存」這個首要任務，可以在其他大人的餵食、提供保暖下度過，嬰兒還有另一個要事要做——就是**盡快「適應」環境**。

也因為嬰兒與環境互動的方式，靠的是環境所提供的感覺訊息（比如風吹的聲音、床的觸感等），所以說得更精確一點，嬰兒需要適應的，**是環境中的「感覺訊息」。** 並在「感覺刺激重複暴露」的過程中，快速增加對這些感覺刺激的熟悉感，形成對於環境「日常」的知覺。

嬰兒大腦中的藍斑核（locus coeruleus）在此時就顯得特別重要了。藍斑核會幫助「感覺記憶」的形成及鞏固，而這似乎也是藍斑核在嬰兒大腦中特別活躍的原因。

並在藍斑核的幫忙下，大人身上的氣味、被抱著的觸感、眼前大人的笑臉、聲音，這些經過不同感覺系統所傳遞的嗅覺、觸覺、視覺、聽覺訊息出現後，由於重複暴露的原

因，嬰兒也在對這些感覺越來越熟悉，最終形成了所謂的
「親子之間的熟悉感」。

　　如此，孩子在六個月之間，才逐漸地知道哪位是他的
主要照顧者，並在此熟悉感的前提下，對「主要照顧者」有
所偏愛。

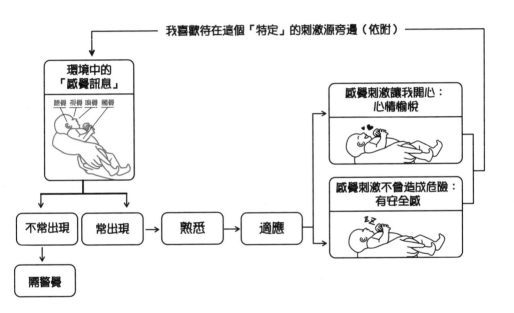

　　不過，雖然不同的感覺，多少有它們特別的影響層面
在，但在建立「親子之間的熟悉感」的過程中，觸覺，似乎
比起其他的感覺，更為重要些。

🏠 觸覺：撫摸會對嬰兒帶來愉悅感

為什麼觸覺會特別重要呢？經過許多研究的證實，嬰兒的觸覺系統，有所謂的「ＣＴ纖維」的存在。

「ＣＴ纖維」是存在於人體「有毛」部位的訊息傳導路徑，如臉、手臂等。這類型神經纖維會對「輕撫」等緩慢移動的觸覺刺激有所反應，並將訊息傳至與「情緒」相關的腦區。

這也解釋了為何我們在被溫柔的抱著、安慰性地撫摸、鼓勵性的輕拍時，會有愉悅、溫暖的感受。

因此當我們撫摸嬰兒時，不僅僅是告訴他我們正在摸他，而是更在告訴他：**我在提供你情感訊息。**

如是的觸碰也會進一步會啟動副交感神經，讓嬰兒的心跳速度降低（感覺放鬆）、嬰兒也會將眼神注視導向施予撫摸的刺激源，甚至在這樣的情況下，更能夠記得照顧者的臉，以及增加眼神注視的機會（注意主要照顧者）。

正因為如此，當嬰兒哭鬧，我們輕拍著他的時候；互動而接觸著他的時候；摩擦著嬰兒的臉以示愛護的時候，這些動作都正活化著ＣＴ纖維，且一次次的增加正向回饋的經驗。

總結而言，觸覺刺激不只提供情感訊息，讓嬰兒感到

愉悅，**更能逐步讓嬰兒對主要照顧者更加注意，並連結這些社交訊息與正向的情緒感受，讓寶寶對於主要照顧者有所「偏愛」**，並特別想要待在主要照顧者身邊。

而如是狀態的建立，就好像形成「與特定照顧者的連結」一般，也就自然而然地形成了依附關係。

前六個月該注意什麼呢？

1. 維持感覺給予的恆常性

孩子在出生後前六個月的發展重點，是適應這個環境，並逐漸地與主要照顧者建立連結。

而建立連結的部分，就是在與照顧者互動的過程中，熟悉照顧者提供的「感覺」，最終靠著這些熟悉的感覺，「認得」這個就是我的主要照顧者。

因此主要照顧者所提供的「感覺恆常性」就會很重要。比如照顧者身上的味道（嗅覺）、皮膚接觸的觸感（觸覺）、與寶寶對話的聲音（聽覺）等。

如果上述的狀態在這個階段會一直改變，那就會讓孩子無所適從，也有可能會影響連結建立的品質。

比如身上的味道因為每天噴不同的香水而改變，孩子可能就會不知道該適應哪種味道而感到困惑；安撫孩子的時候，也可以提供固定的觸覺感受，和緩地在手臂上按摩、撫摸，都可以讓孩子在舒服的感受下，建立安全的

依附關係。

2. 建立一個以上的依附對象，為接下來的階段做準備

很快的，孩子就會從前六個月的「依附關係建立期」，進入六個月後的「依附關係確認期」。

而「確認期」孩子的特色，就是會因為害怕失去主要照顧者而出現分離焦慮，也就是依附對象一不在他的視線內，他就會出現大哭等恐懼情緒。

但這通常也是許多媽媽選擇回職場的尷尬時間，因此就會出現每天早上要與媽媽分開時，孩子上演十八相送的情形。

為了不要讓孩子的情緒一直處於焦慮狀態，會建議在零至六個月的階段裡，除了主要照顧者與孩子關係的建立外，再多建立一位次級依附對象（未來會長時間與孩子相處的對象）與孩子的連結，如此就可以在主要依附對象不在時與其輪流，以避免孩子的分離焦慮持續擴張。

至於次級依附對象要在孩子零至六個月時做什麼事呢？原則都還是一樣喔，重複且一致地提供感覺刺激，並在主要與次級依附對象，都有同等機會與孩子互動、安撫孩子之下，就可以讓下個階段的轉換較為順利喔！

練習（一）：
建立與孩子互動時的觸覺儀式

建議年齡：零歲↑可

如何建立與孩子互動時的觸覺儀式呢？大家可以參考下頁的圖片喔！此外，儀式的建立也不限於零到六個月的孩子，甚至學齡前、學齡階段的孩子也都適用！

而對於較大的孩子，大家就可以先與孩子一起討論，哪些觸覺接觸，是他們可以接受的方式，再慢慢地加入日常互動當中。

比如有些人會習慣在看到孩子時，先與他們擊掌、輕拍手臂，最後再來一個擁抱，就是簡單、又可以促進彼此互動的觸覺儀式喔！

如何建立與孩子的「觸覺儀式」

Step 1   決定儀式發生的「情境」：在什麼場合或時刻，藉由觸覺儀式與建立親密感

Step 2   決定觸覺儀式的「步驟」：肢體接觸部位＋觸覺給予的方式＋次數

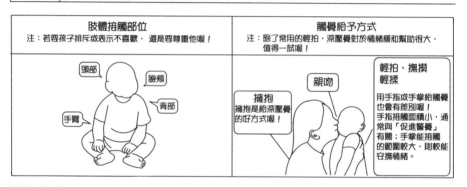

Step 3   執行觸覺儀式行為：注意觀察孩子的反應、以及執行的一致性

1-3 主要照顧者該如何回應 孩子的依附需求?

🏠 孩子在不同階段發展的依附需求

依附關係一開始建立時,是「只要我在依附對象身旁,那我就會感覺到安心,以及與其互動時會感到愉悅。」

更重要的是,如此關係的連結並不是人人都可以,而是我只「依附」在特定幾個人(主要照顧者)身上。

但如此的關係,就會隨著孩子的成長,而在不同的發展階段需要依附對象提供不同的協助。至於哪些協助呢?從孩子的發展來看,大致上可以分成兩種層面:

第一個層面(依附關係確認期)

孩子在六個月後,會開始出現「害怕、緊張」等「恐懼情緒」反應,此時就需要依附對象的「存在」來協助調節。

第二個層面(依附關係發展期)

在一歲半之後,隨著動作能力的成長,孩子探索環境的能力會越來越好。而當在探索環境遇到會帶給孩子壓力、緊張情緒的刺激源時,就不只需要依附對象的存在,還需要

依附對象協助告訴孩子如何緩解、及調節緊張的情緒。

不管是哪一種層面，靠的都是依附連結所帶來的「適應感及安全感」，並在主要照顧者持續提供依附連結時，孩子才能安心地探索環境、安全地長大。

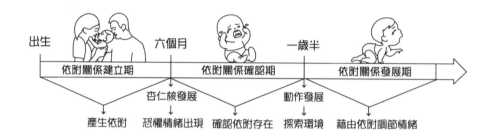

🏠 依附關係確認期：六個月到一歲半

在孩子六個月大時，他的大腦會發生許多變化，而其中一項變化就是「杏仁核」（Amygdala）開始急邃發展了！並在杏仁核的發展下，其「警報器」的功能，就會開始發揮作用。

為何稱杏仁核為警報器呢？這是因為當環境中出現與「危險」有關的刺激時，影像一經視覺系統傳入到杏仁核後，這個小小的腦區就會活化、警醒我們，讓我們可以啟動後續的「戰鬥」或「逃跑」的行動──要嘛避開危險，要嘛奮力

一搏，以增加生存的機會。

而杏仁核警報器功能的發展，就不僅帶來恐懼的情緒，也造成孩子行為上明顯的變化。

孩子開始會「怕」了！

開始會怕「失去讓自己感到舒適的依附感」，因此會在依附對象離開時，開始哭鬧，並希望藉此吸引主要照顧者回來；孩子還有可能會「怕」看見「不熟悉」的人，因此在陌生人靠近他時，會產生焦慮與恐懼情緒。

上述這兩種表現，也就是我們常聽到的「分離焦慮」與「陌生人焦慮」，比如復職時，第一天要回去上班孩子的聲嘶力竭，或第一天帶孩子到幼稚園的十八相送！

值得注意的是，不管是哪種情況，只要孩子的杏仁核活化了，產生恐懼情緒了，**孩子就需要「依附對象」的出現及安撫，才能停止杏仁核的活化，無法像大人一樣可以自己緩解情緒。**

「依附對象離開」→「焦慮情緒出現」→「大哭吸引照顧者回來」→「照顧者出現」→「焦慮情緒緩解」這樣的循環就好像不斷確認依附對象的存在般，而在一歲半之前反覆發生。

但如果在這個過程中,沒有主要照顧者或所謂的依附對象呢?此時杏仁核就會持續活化,孩子的恐懼反應也會延續較久。而杏仁核也會在一次又一次的恐懼情緒當中,出現更加強烈的反應,以及誘發較長時間的恐懼情緒。

你也許會好奇,為何此時杏仁核的反應,會跟依附對象存不存在連結在一起呢?如果依附對象不存在,而使得杏仁核誘發的恐懼反應居高不下時,會出現什麼事呢?這個部分,就跟下個階段的依附需求有關了。

依附關係發展期:一歲半至十歲

當孩子的動作發展,經歷了六翻身七坐八爬一歲站而越來越成熟後,就開始了活蹦亂跳地在這個世界的探索。

但也就像前面說的,這個世界對孩子們來說都是新的刺激,因此他們也不確定什麼樣的刺激需要「警覺」,而什麼樣的刺激又可以被歸類為「安全訊號」。

此時前一階段「依附關係存不存在」對「杏仁核」的影響,就會發揮了確保寶寶們最大生存的可能性的作用。讓我們試想兩種不同的場景:

場景（一）

當我每次哭鬧時，依附對象就會出現，那我的杏仁核就不需要每次都活化的特別劇烈，我也可以在恐懼反應被調節的情況下，安心地探索世界。因為我知道，依附對象隨時都能保護我。

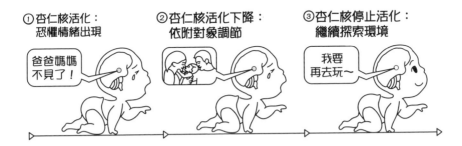

場景（二）

我即使哭很久，主要照顧者都對我不理不睬、或過很久才來安慰我，那我的杏仁核就會活化得比較強烈，並誘發較長時間的恐懼反應。且既然沒有主要照顧者可以保護我，那我也該少一點探索，免得遇到危險。

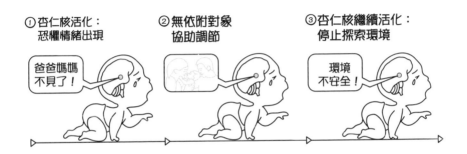

並在上述的確認過程中，當「依附對象存在」時，孩子就可以安心的探索；而如果沒有的話，那孩子就會警覺多一些，少些探索。

除此之外，依附對象還有另一項很重要的功能，就是在上述的過程中，協助孩子判斷引發他們焦慮的刺激源，到底需不需要緊張？以及如何緩解如是的緊張情緒。

情景（一）

孩子緊張的跑來找照顧者，照顧者一看「喔！這個不會危險」而安慰孩子，直到孩子的情緒緩解，孩子就會知道下次遇到時不需要這麼緊張。

情景（二）

照顧者在安慰孩子後，教孩子如何應付這樣的危險，如此，孩子就會逐漸學習到「我下次可以怎麼對抗這樣的危險」。

情景（三）

孩子真的碰到很大的危險，他就會看到主要照顧者也非常緊張的情緒，這樣，孩子下次即會記得這樣的危險「真的」需要逃開。

如此，孩子就可以一面安心的探索環境，一面學習將環境中的刺激「編碼」，哪些是安全的、哪些是危險的、而又哪些，是自己可以用什麼方法應付的；並**逐漸地在過程中學到「如果沒有依附對象時，自己又該如何面對壓力與緩解自己的情緒」。**

不過說到這邊，你有可能會好奇，那要到幾歲，孩子情緒的出現，才不需要依附對象協助緩解呢？

就大腦的成熟度來看，約莫在十歲左右，前額葉與杏仁核才會建立成熟的連結，並在前額葉協助調節杏仁核的反應下，逐漸減少依附對象的協助。

而如此的反應模式，就好像在十歲之前，讓尚未成熟的前額葉「記錄」父母的反應一樣，並得以「學習」判斷是否該緊張，以及「學習」如何緩解緊張的情緒。如此，我們才能在長大成人之後，靠著「記錄」完成、且相對成熟的前額葉，來調節自己的情緒。

如此看來，十歲前孩子的「情緒調節器」，就是建立依附關係的主要照顧者；直到長大成人後，「情緒調節器」才是自己的前額葉。

但如果孩子不幸地在這個過程中，缺少了依附對象的協助，而使得恐懼的情緒居高不下，除了杏仁核無法解除警報之外，此時前額葉調控杏仁核的功能還會被迫提早成熟，

以應付高壓的環境。

如此被迫提早成熟的反應模式，就孩童時期而言是有利的，因為孩子們判斷事物是否具有危險的比例，會因為恐懼反應的出現而增高，而在很多危險真正發生時就先逃開。

但如果這樣的反應模式一直持續下去，因為處於隨時草木皆兵的情緒中，注意力系統不僅傾向偵測危險，大腦中杏仁核的反應也相較其他人來的大。

持續過激的壓力反應，也會導致將來出現焦慮疾患、重度憂鬱、創傷後壓力症候群、或藥酒癮濫用的機會較其他人高！

主要照顧者該如何回應孩子的依附需求？

孩子在面對壓力時，會一次次學習調節方法，因此，即使是父母（依附對象）「存在」的情況下，不同的教養型態，以及主要照顧者對孩子的反應模式，也會對孩子造成不同的影響。

比如面對孩子因為「同一件事」而出現的負面情緒，家長每次都表現出不一樣的反應態度，孩子即有可能會無所適從，不知道該怎麼面對壓力情境的情況。

「今天是下棋比賽，我因為怕下棋會輸給對手，所以很緊張。爸爸媽媽安慰我，告訴我輸了也不會罵我。」

──這教會我可以告訴自己，即使輸了也不用怕被責備，所以不需要過緊張。

「今天是下棋比賽，我因為怕下棋會輸給對手，所以很緊張。爸爸媽媽因為我的緊張罵我膽小鬼，告訴我要勇敢一點。」

──這教會我緊張是不應該的，是可恥的。

一下子不用緊張，一下子又要我覺得可恥，那我到底該怎麼面對自己的緊張呢？

此外，第二種情況中常出現的「這有什麼好緊張？！」「可以勇敢一點嗎？」等句，無非是對孩子施加了雙重壓力。

第一層壓力，是孩子原本要面對的壓力事件；第二層壓力，則是情緒無法經主要照顧者調節，因此情緒高居不下而產生的。

在這樣的教養模式下，**孩子除了學習不到如何面對壓力之外，也會在壓力事件發生時，激發更強烈的「戰鬥／逃跑」反應。**

因此，影響「依附關係」沒辦法發揮作用的常見因素，

就來自於「不一致的回應」，以及「無法同理孩子的情緒需求」這兩者上。

前者讓孩子無法清楚了解壓力源，因此孩子就無法學會用一致的策略來調節自己的情緒；後者則因為照顧者無法發揮依附角色的功能來協助調節情緒，使得孩子在情緒無法緩解下，更**更容易被誘發出過激的情緒反應**。

而這也是我想提醒大家的地方。多數家長最容易忽略的，**就是想到「依附關係」時，就只會想到孩子出現「分離焦慮」的階段，認為孩子只要過了害怕與主要照顧者分離的階段，依附關係的影響就相對減少，或只要「顧好」分離焦慮的階段，就不需要煩惱依附關係的建立。**

但事實上，在建立依附關係之後，我們仍持續影響著孩子，且因為建立了如此獨特的「連結」，孩子的情緒狀態、調節情緒的能力，都在與照顧者互動中而被塑形著，一點一滴，直到孩子足夠強大，能夠獨力面對這個世界。

這就好像玩遊戲，我們一開始帶著「全滿」的血量進入新手村，但在打怪物的過程中，不斷地因為被攻擊而血量受損。

面對不斷耗損的血量，這時你直覺的反應當然是趕快找到補血站補充，才不會 Game over。但這時若找不到補血站，你只會越玩越焦慮，並逐漸在壓力劇增的情況下萌生放棄這款遊戲的念頭。

但如果每次血量減少時，你都知道去哪裡補血，並在補滿血的狀態下，繼續在遊戲世界裡冒險，你當然會更有安全感，更願意去挑戰難打的怪物，直到遊戲破關。

父母與孩子的關係也是如此，孩子在外頭遇到壓力了，父母如果可以充當孩子的補血站，孩子當然會更願意再去挑戰、更願意去面對在這個世界遇到的困難。

這層影響不僅僅存在父母與孩子的關係裡，更會影響孩子看待世界的方式：「我知道世界是安全的。因此，即使我受了傷，我也願意在信任這個世界的同時，繼續努力。」

而這也帶到我們在這一章的開頭討論過的問題，孩子為什麼需要父母？你可能回答了孩子無法養活自己、孩子需要教養、孩子需要規範管教等。

這些回答都沒有對錯，但這些不是主要照顧者的其他大人也可以做得到，不是嗎？

只有依附關係，是只有主要照顧者可以提供、為彼此的連結留下的最柔軟的部分。若連主要照顧者都忽略了孩子的依附需求，那又有誰可以做到這件事呢？

總結而言，想回應孩子的依附需求，其實沒那麼抽象。

具體執行的方式可以從「幫助孩子調節情緒」開始，而幫助孩子調節情緒的第一步，就是「同理孩子的情緒」。

練習(二):
回應孩子的依附需求,
分開處理「情緒」與「行為」

　　看到同理孩子的情緒,你也許會想,同理情緒,不就會讓孩子更加依賴嗎?還會讓孩子學會下次可以用情緒的方式來索取想要的東西,甚至造成溺愛或所謂寵溺孩子。

　　但溺愛孩子與同理情緒,本來就是兩件事!

　　我們一樣可以先同理情緒,再處理孩子的行為問題。**只要最後不是處處順著孩子的行為走,就不會有過度溺愛的狀況發生!**

　　因此,不管是何種衝突或問題,最重要的是,孩子是仰賴與我們的依附連結來調節情緒。

　　孩子會因為我們同理他的情緒,知道我們是站在他那邊而開始相信我們,並在信任的前提之下做出改變!

　　所以,在這裡的練習,就要帶著大家試著將孩子的狀況,拆成情緒與行為兩部分來看。

　　參考下頁圖片,想想你最近一次與孩子發生了什麼樣的衝突?並在 P44 的表格中完成練習吧!

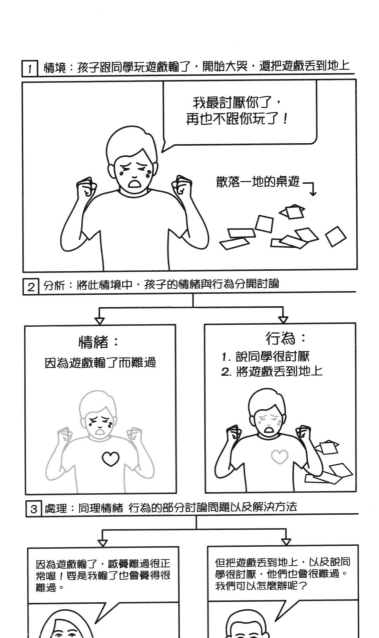

練習的方式很簡單，寫下你與孩子最近一次的衝突，並試著將孩子在這次衝突中的情緒與行為拆開來，這樣就可以囉！

情境 （最近一次衝突）		

分析	情緒	行為
處理	同理情緒：	討論問題： 解決方式：

第二章

自我發展需求

認識自己，
收獲自我動力與自己價值

2-1 自我概念介紹：
我為什麼是「我」？

我是如何成為「我」的？

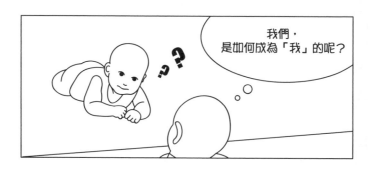

童話故事《睡美人》裡有這麼一段劇情——小公主的生日宴會邀請大家來同樂，許多人紛紛獻上祝福。
其中一位女巫獻上的祝福是讓公主擁有「善良」，緊接著的是「聰明」，以及後續許多的「優點」，直到壞女巫的到來。

當然，這只是童話故事，我們不可能藉由「祝福」就讓孩子獲得這些人格特質，也沒有任何一種教養方法，可以「確保」及「肯定」孩子在什麼樣的教養方法下，就會朝向我們期待的特質前進。

此外，在孩子成長的過程中，除了**教養方式占了部分影響外，先天氣質也是另一項很重要的因素之一。**

比如有些孩子先天感覺就比較敏感，因此也容易被環境中的感覺刺激嚇到。但這樣的表現，也被許多家長解讀為「膽小」「容易害怕」而希望孩子再更勇敢一點。

「你可以勇敢一點嗎？不過是一台車經過而已？」

「你可以大方一點嗎？你是哥哥誒！少一塊蛋糕又不會少一塊肉！」

「你可以有氣質一點嗎？女孩子不要這樣跑來跑去！」

而就在這些「更勇敢」「更大方」「更有氣質」的期待中，孩子就因此被賦予這些特質嗎？當然沒那麼簡單。這些期待不但可能沒成為孩子「自我」的展現，反而成為孩子「自我」的限制，變成孩子自我意識裡的「應該」。

這些「應該」會發生什麼事？會讓孩子在下一次因為自己的不夠勇敢而感到焦慮；在下一次不夠大方的時候，以自己是哥哥為恥；在下一次，因為不夠有氣質而自責。

於是許多時候，**我們反而讓孩子活成別人希望的樣子。**

而或許，在引導孩子自我發展的過程中，我們都能打破讓孩子陷入如是框架的循環，並幫助孩子在「自我」產生的時候，帶著孩子去了解自己。

究竟，「我」為什麼會比較膽小呢？「我」為什麼現在不想大方呢？「我」為什麼現在會想要跑來跑去，而不是乖乖坐著呢？

在這個過程中所了解的「我」，才能讓孩子知道該如何發現、或覺察自己再做出調整，而不是將自己限制在框架裡，而最終接納的，也不會是自己。

看到這裡，你也許會想：「了解自己何其容易？就連大人都不一定做得到了！」但就是因為非常重要、也沒那麼容易，所以我們才更需要一起練習。

而就在與「自我概念」有關的大腦迴路、以及認知展現中，我們大致上可以將自我概念分成三大系統：

自我建構系統
建構「我」，以及「以我為中心了解的世界」。

自我評估系統
評估自己能不能做到、以及做得好不好，跟自信心、自尊心、挫折忍受度有關。

自我動機系統

因「喜歡、愉悅」而還想要,或者對某事物產生動機而主動追求。

在這三個系統互相交織、不斷與環境碰撞中,孩子的「我」,才慢慢地成形,並不斷地更新著「我」的展現,或者所做的決定。

而如果將「我」比喻成一輛列車的話,「建構系統」,就是將一個個零件組裝成列車的功臣;「自我評估」系統,則是在列車運行的過程中,藉著行駛的品質、乘客所給予的評價,在評估系統接收並處理後,得知這輛列車有哪些優點及缺點;「動機系統」,就是這輛列車的燃料,讓列車有動力、有能量而得以前行。

如果我們可以帶著孩子去了解這些「我」運作的過程,那麼或許我們就可以引導孩子在零件需要維修時,知道該如何修復;在了解優點及缺點的同時,知道該如何發揮自己的優勢到達目的地;或在沒有動力的時候,知道該怎麼添加燃料。當然,真正的「我的形成」,一定比這個架構來得複雜得多,但大家不妨把這三個系統當作如何引導孩子「我」發展的開始。

因為,我們要的不是永遠牽著孩子,而是讓他認識自己、成為「我」之後,學著如何面對自己的人生。

2-2 自我建構系統：我是誰？

🏠 不懂自己，所以也不知道自己可以做到什麼事

莫莫從小班開始接受治療已經三年了，原本在精細及粗大動作發展上的落後，也在治療後追上發展里程碑。

而能力上的進步，也讓莫莫小一新鮮人的生活一切順利，學校老師也時常稱讚他是個乖孩子。但，還有一件事一直困擾著莫莫媽媽。

「他真的很像一個機器人，一個指令才會有一個動作。是真的很乖啦！叫他做事他也都會去做，但每次問他他要做什麼？他都說不知道。」

而為了確認問題的方向，我請莫莫做了一件事：畫自畫像。只是莫莫糾結了很久，還是告訴我他不知道要怎麼做才好？

我鼓勵莫莫一邊摸著自己一邊畫，這方法似乎觸動了莫莫的開關，於是完成了他的作品：

「這是我的手。」莫莫指著我以為是耳朵的地方說。

「那你的腳呢？」

「在這裡呀！」莫莫指著最下方的兩條線說。

這幅畫真的很難想像是小一的孩子畫出來的，可以明顯分辨出來的地方只有頭，手跟腳還是直接長在頭上的。

結果如我預期地，莫莫其實不太了解自己，所以沒辦法在腦中想像出自己的形象，也沒辦法藉由畫畫的方式投射出來。我跟媽媽分享了莫莫的畫。

「咦！好恐怖，好像人頭氣球！」

「呃，對，有點像，他真的有很認真的想要把自己畫出來啦。但就像媽媽看到的結果，他沒辦法想像他自己長怎樣、有什麼身體部位，所以要他畫自己時會非常困難。」

媽媽的回應讓我笑了出來。

其實我們對自己的身體的想像，也會進一步地影響到我們對自己的自我認知。也就是說，就是因為莫莫無法察覺自己，所以他無法想像自己可以做什麼事。

雖然聽起來很抽象，也跟我們直覺想像的不同，不過我們可以把莫莫現在的狀況想成「因為他不知道自己有手，所以也不會想到自己可以用手來做什麼事。」

「他怎麼會不知道自己有手？」

「我猜可能是之前發展遲緩狀況的影響，所以導致他對自己的身體其實還沒有那麼了解。」

我也跟媽媽分享了一些練習方向，比如每天試著看著鏡子畫出自己，畫完之後再請他確認有哪個地方漏掉；或者拍下他做出不同動作的照片，讓他試著一邊看照片一邊畫出自己；或請他看著鏡子裡的自己做出各種表情，然後一邊描繪自己的眉毛眼睛嘴巴正在做什麼動作。

兩個月後，我又請莫莫畫了一次他自己。

　　「老師，真的很神奇！現在都不需要我提醒，莫莫開始知道自己要做什麼了耶！」

　　這是莫莫媽媽的原話。
　　圖片中莫莫的形象，雖然還不是很成熟，但那些長出來的手跟腳，就是莫莫對自己更加了解的象徵。
　　而對自己可以做什麼事的想法，果然在能夠想像自己之後，慢慢地出現了。

🏠 如何帶著孩子認識自己？

　　看到這一節的標題，你可能會想說「又來一個無解的難題了！孩子都還小，可能連自己的名字都不會寫，跟他說要認識自己，這不是對牛彈琴嗎？」
　　而且不要說孩子了，多數的大人對於「我是誰？」「我

從何而來？」都非常茫然了，更何況是帶著孩子去了解「自己」。

孩子真的能夠認識自己嗎？有特別需要認識自己嗎？

事實上，我們在人生當中所遇到的疑惑與衝突，有許多的原因就來自於我們不夠了解自己。而且不要說不了解自己，就連「察覺自己」的習慣也沒有建立。

於是，我們可能就只會看到問題本身，抱怨這些問題為何只會發生在我們身上，卻忘了從自己身上找答案，以及沒意識到「自己」，也是人生必須面對的課題之一。

認識自己與「體化認知」（Embodied Cognition）

大約從三個月大左右，孩子就逐漸地從原本多為反射動作的狀態，慢慢地學會如何「自主地」控制自己的肢體去影響這個世界。

比如孩子會學到，原來我的手，不僅僅是放入嘴巴時感受到的「我」的一部分，這個身體部位，每當我出力時，好像還可以推動我看到的東西！

在不斷地用手去影響這個世界時，我也發現，每樣東西都有不同的觸感，有些刺刺的、有些則摸起來柔軟；在我每次都要用不同的力道才能推動東西時，我也發現，原來每

個東西的重量都不一樣！

如此的過程，就是利用手與環境的互動，來建立「不同物品的觸感分類」「重量」等認知概念。

不僅如此，由於身體各個部位，可以做的動作、或提供的訊息不一樣，因此就會有不同的探索方式，也因此能夠提供不同形式的認知型態。

比如用腳走路時需要花多少步，我們就能粗估目的地距離我的遠近；又比如我以眼睛看得到的地方作為前面，看不到的地方作為後面，「右」手伸出去碰到的地方當作右邊等作為「空間認知」的方式。

最重要的是，這些從自身的身體出發，來對這個世界進行探索的方式，就讓孩子了解自己的身體開始。利用「自己的身體」去建構對這個世界的認知。並形成對於這個世界的想像、以及建立對自己的自我認知。

除此之外，如此利用「自身的身體」為基礎，來當作建構在這個世界「認知」型態的方式，也讓我們的「認知思考」與「身體」，存在著許多密不可分且互相影響的關係！

比如說，小時候覺得很遠的地方，在我們長高再走一次後，才發現原來沒有我原本想像的這麼遠，即是因為我們身體的改變（腳變長），更新我們認知型態（對距離遠近的判斷）的例子！

而「心智思考」與「身體」相互地影響，就不僅是認知心理學的一門學科──「體化認知」所探討的事，也是臨床中常見影響著孩子的因素。

譬如對於自己的「身體」掌控感較差的孩子，就容易因此覺得「失控」，並出現較差的情緒控制能力、因無法獲得控制感而造成較低的自信心、較容易出現攻擊行為（想藉此控制環境，獲得控制感）等。

總結而言，由於我們的心智思考歷程，會與身體互相溝通而彼此影響，因此想要「認識自己」，就可以從「感知身體的動作」「察覺身體的感受」開始。

這些「對自己身體」的了解，就會反應在認知思考上，最終建立「對自己的認知」。

以下即就「感知身體的動作：察覺內源性感覺刺激」、以及「察覺身體的感受：辨識情緒」兩大部分來做介紹。

1. 引導孩子察覺「內源性」的感覺刺激

就感覺來源的不同，大致上可以區分成「外源性」感覺，以及「內源性」感覺兩種。

所謂的外源性感覺，就是接收到的感覺是從「環境中」（外在）得到的，比如「視覺」「聽覺」「觸覺」等；而另一來源，則是察覺自身身體狀態的「內源性」感覺（內在），

比如「本體覺」及「前庭覺」。

「本體覺」及「前庭覺」是什麼？簡單來說，前者幫助我們察覺自己的肢體，正在做什麼動作；後者則是幫助我們察覺「頭部」的位置。

請想像一下當我們把眼睛遮起來的時候，還可以知道我們的手在哪裡；或者在不看鍵盤的情況下，還可以知道我們的手指頭打在什麼位置，這靠的就是「本體覺」的幫忙。

至於前庭覺，由於能幫助我們察覺頭部與其他身體部位的相對位置，因此就與「維持平衡」有所關係。

知道這兩種感覺後，我們又可以從哪些活動中練習到這兩種感覺系統呢？以下列出各個年紀可以做到的活動任務，讓各位爸爸媽媽當作參考喔！

而在過程中，最重要的是需要**引導孩子去注意這些來自於自己身體的感覺訊號！**比如在攀爬時，提醒孩子可以去感覺自己的手跟腳在什麼位置，或在單腳站立時提醒孩子，感覺自己是否有在晃動，或往哪邊倒等！

最後也想提醒大家，雖然下面建議的活動，有相對應的年齡，但如果孩子年紀到了，仍無法做到這些事情，並不代表孩子就有遲緩的狀況。

多陪孩子練習，以及在過程中陪孩子去察覺、修正自己的動作，就能達到練習效果！

年紀	本體覺活動	前庭覺活動	說明
八個月	爬行、匍匐前進		爬行時，因為看不見自己的手跟腳，因此會需要本體覺的幫忙。而在過程中，需要維持頭部向上抬起，因此也能提供前庭覺回饋。
一歲半至三歲	移行活動（姿勢位置上的改變，比如坐姿到站姿，或是各種移動）		在兩歲前，可以多藉由「移行」上的練習，來有效利用本體覺，以及刺激前庭覺的發展。移行活動的選擇包含練習倒退走、鼓勵拿起地上的玩具再站起來、走樓梯等。只要是安全，孩子願意嘗試的情況下，都可以試試看喔！
三歲至四歲	丟接球及踢球 生活自理	走平衡木、單腳站	在丟接球的過程中，由於孩子時常會需要協調自己的手、腳，才能接到或踢到球，因此是不錯的本體覺練習。許多生活自理的活動，其實也是練習本體覺的好機會。比如穿衣服的過程，就會因為動作的關係沒辦法看到自己的手，就非常適合用來引導孩子察覺自己的手腳在做什麼動作。當孩子移行能力也越來越好時，也可以利用單腳站、走平衡木等方式，有效刺激前庭覺喔！

五歲以上	學跳繩、跟著大人跳韻律操	騎腳踏車	跳繩及其腳踏車是這個年紀練習本體覺或前庭覺的好方法！不過學會是一回事，在過程中有沒有提醒孩子去注意自己的手腳、或正在做的動作，才是練習的重點。
六歲以上	玩攀爬架、游泳、進階的球類運動（如足球或羽毛球等）	矇眼單腳站	可以試著讓孩子利用本體覺或前庭覺來參與更多高階、整合性的練習活動。

2. 鼓勵孩子用對自身身體狀態的察覺，來辨識情緒

　　孩子還不會講話時，就會利用肢體、表情、或聲音來表達情緒。此時我們也可以藉由觀察孩子的情緒反應來猜測他們的需求。

　　而值得注意的是，孩子的這些情緒表現，**是無意識、且經由特定事件引發的。**

　　這些經過特定事件所引發的情緒，就會表現在身體產生不同的狀態上，並在經過認知處理後，這些對於不同身體狀態的解讀，才會是我們最後察覺到、以及講出來的情緒感受。

　　我們在情緒引導的過程中，常常漏掉的一點，**就是沒**

有幫助孩子先去察覺自己的身體反應，而是直接「告訴」他們，他們是什麼情緒。

當我們以這樣的方式引導孩子時，一開始可能不會出現太大問題，但當孩子越長越大，遇到的事件越變越複雜時，就容易遇到「情緒產生了，但因為當下我沒有處理或察覺，而導致情緒不斷地在延宕中，直到最後當我們想釐清情緒原因時，卻早已不知道情緒是為何而來，我們也無從得知該如何處理」的狀況。

因此，當孩子開始可以表達以及處理情緒詞彙時（約兩歲至兩歲半），就可以藉由描述他們的身體狀態，來幫孩子定義以及察覺他是在什麼情緒中。

而當孩子越即時察覺自己的身體狀態，也就越能即時發現自己的情緒就是在什麼事件後被引發，情緒的釐清也會越明確喔！

以下列即出基礎情緒中，我們身體的反應狀態，讓大家參考！

特定情境 （事件）	情緒反應 （身體狀態）	感受 （認知處理）
被滿足 （得到想要的 人事物）	表情：微笑 動作：雙手搖擺、想要發出笑聲	開心
想要的事情， 跟原本預期的 不一樣	表情：皺眉、癟嘴 動作：握拳、發出威脅的聲音、跺腳	生氣
失去想要的東西	表情：流淚、嘟嘴 動作：尋求慰藉（如摩擦自己或別人）	難過
出現讓我「不舒服」的人事物	表情：嫌惡的表情（皺眉，嘴往一邊撇） 動作：想逃走	討厭
出現無法預期的人事物	表情：面無表情（當機）or 眼睛睜大、嘴巴張開 動作：發抖、心跳加快	緊張

　　引導的時機，大家可以選在幫助孩子情緒辨識時，就將對身體狀態的察覺納入。「你想要抱抱對不對？你一定很難過。」或是在協助釐清情緒原因的時候，「你剛剛生氣的時候，有想做什麼，或感覺自己怎麼了嗎？」

　　不管是用什麼方式，只要孩子能藉此學到如何察覺自己身體狀態的變化，那麼，他也更能在情緒出現時發現，也更能知道自己是因為什麼事件而出現情緒喔！

練習（三）：
畫「自畫像」

建議年齡：四歲↑可

和孩子玩個遊戲吧！畫一幅「自畫像」，不僅可以讓孩子多認識自己，還可以看出孩子對自己了解多少喔！

不過大家要記得，畫自畫像的目標，並不是要畫得多傳神，而是看孩子對自己的身體的想像及認識如何。

而不管是何種年齡層、或孩子畫得如何，建議在孩子作畫時，家長先不要過度介入！

比如有些家長會很急著提醒孩子這個沒畫到，那個不夠正確等，如此過度的介入，反而會讓孩子學不到自我察覺。

在孩子畫完之後，先肯定孩子的完成後再問他：「你完成自畫像了耶！很棒！那你還有想要加什麼嗎？」如此就能避免給予過度的評價，並帶著孩子從自我的察覺中，發現對自己更多的想像及投射。

此時，你也會發現，隨著孩子越能夠想像自己的身體，通常伴隨的，也會是粗大或精細動作的提升！

以下即列出不同年紀的孩子自畫像的特徵，以及引導

的方式。

四歲

●圖畫分析：可能會以簡單的幾何圖形畫出臉、眼、口、嘴巴的人臉，不一定會有軀幹或四肢，而通常會先有腳、手、再有軀幹。

●引導：可以藉由對簡單幾何圖形的認識，教孩子拼湊出人體的組成。

比如頭是圓形、身體是長方形、手臂是長長的線等，讓孩子有初始對自己身體的空間安排及想像。此階段的引導也可以著重在「命名」身體各部位為主。

五歲

●圖畫分析：通常可以簡單地畫出一個完整的人體（包括五官、四隻、和軀幹），但多為火柴人（四肢以一條線表示），或小叮噹人（手部是小圓圈圈）。

●引導：此時的引導可以著重在各部位的分化。比如頭與身體的連結處會有脖子，手能細分出手臂和手指，腳會有腳掌、腳趾等。可以讓孩子觸摸自己的身體部位，或利用照鏡子或拍照等方式進行練習。

六至七歲

• 圖畫分析：畫出的人體大多分化得較為明顯，如有明確的手掌與手臂的交接、五根手指的展現、眼睛的輪廓與眼球等，並可能會加上不同的裝飾，比如頭上有髮帶，腳上有鞋子等。

• 引導：此時可以著重在對人物表情的表現，比如不同的心情如何用不同的五官組合搭配，也可以讓孩子照鏡子，做出不同的表情來練習畫表情。

此外，此時一定要讓孩子學會畫出彼此獨立、分化成熟的手指。引導的方式可以是看著自己的手、或用讓孩子用描畫的方式（一隻手放著，另一隻手在上面描）畫出手來。

準備好...　　自己的手　　　紙＆筆　　　就可以開始...　　沿著自己的手開始描繪

我也想藉由此章來提醒大家，雖然了解及認識自己，會是我們一生的課題。但要做到認識自己，的確也沒想像中的抽象與困難，我們可以從帶著孩子察覺自己的身體、自己的動作、自己的感受開始。

而察覺自己或認識自己，雖然不能幫助你改變人生中

已經發生過的事，也無法避免「認知」與「身體」之間的互相影響，卻能讓你在自我察覺時，將面對自己當作成長的課題，以迎接接下來可以掌握的自己！

　　並在學著認識自己之下，真的了解「我」所建構的世界。學會與自己相處，並在自己身上找到解決衝突的答案。

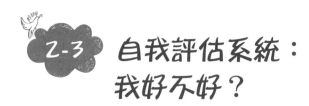

自我評估系統：
我好不好？

🏯 我的孩子怎麼這麼沒自信？！

台上站著的，是幼稚園畢業生致詞代表菁菁。她的手指不停地捲著自己的衣服，卻還是一句話也說不出來。

台下媽媽的大聲催促、爸爸的臉色凝重，外公因看不下去而離席，都在讓菁菁心跳越來越快，大腦一片空白。於是菁菁開始崩潰大哭，幼稚園老師眼見越來越失控，趕緊將菁菁帶下台，還要同時安撫家人們的情緒。

而雖然這次的事件，隨著典禮結束而結束了，但媽媽

的羞愧、爸爸的沉默，外公的生氣，卻也成為了「不自信的菁菁」的開始。

菁菁開始拒絕任何上台的機會，甚至連大人問話都開始變得退縮。媽媽事後也承認自己做錯了，她向菁菁道歉，說那天不應該逼她在台上講話，讓她這麼緊張，但她的自信就像再也喚不回來一樣，連畫個圖或唱個歌都要躲起來做。

菁菁媽媽在輾轉得知診所的資訊後，帶著菁菁來尋求協助。

評估開始時，我請菁菁先做幾個動作，但菁菁一動也不動地看著我。圓咕嚕的大眼、雙手握拳的姿勢、緊咬著下嘴唇的動作，都在說明菁菁現在很緊張，緊張到離她有一段距離的我似乎都可以聽見她的心跳聲。

我一面鼓勵著她，一面觀察媽媽反應，眼看媽媽似乎要變臉了，我連忙拿出另外一組非常簡單的圖形配對積木請菁菁試試看。

說也奇怪，菁菁一看到積木，竟然開始動作了，而她也很快地就把積木配對完成，然後說出她進評估室之後的第一句話：「我完成了。」

「你真的很棒誒！不僅自己配對成功，而且還是我看過配對最快完成的孩子！」

我鼓勵著她，評估也從這裡開始順利，不僅一開始要

求的動作開始願意做了，菁菁越到後來也越眼開嘴笑，活脫脫就是另一個孩子。

評估結束後，菁菁媽媽跟我說，她其實也帶菁菁到其他的地方評估過，但她從沒像剛剛那樣願意表現！

而我也跟媽媽聊著，菁菁因為無法肯定自己可以做到什麼事，因此在不確定可不可以達到大人的要求時、或她覺得有可能會犯錯時，就會怕在別人面前表現。所以當我將任務變簡單後，菁菁也覺得有把握完成，就願意試試看了。

「先讓孩子做一件有把握的事，孩子才會因為完成，知道自己是有能力的。而大人也要幫助孩子看到她已經完成的事情，這樣她才能開始肯定自己的能力！」

自信心是什麼？

我發現每次只要一聊到「自信」，許多家長就會開始擔心孩子的表現不夠符合有自信。然而等我再更深入詢問時，卻發現家長描述的樣子跟自信沒有太大的關係；更不用說要區分大家常搞混的「自信心、自尊心、挫折忍受度」等心理狀態了。

因此，在開始介紹前，我想要請大家先看看以下的行

為描述，勾選你們覺得哪一些是符合「有自信」的表現。

哪些行為是「有自信」的表現？

☐ 要拍照的時候不扭捏、很願意在鏡頭前面拍照

☐ 遊戲輸了也不會生氣或大哭，願意繼續嘗試

☐ 做錯事不會逃避，敢勇於承認自己的錯誤

☐ 踴躍在課堂上舉手發言

☐ 在要上台的場合，都不會退縮（比如上台表演、上台
自我介紹等）

☐ 遇到大人詢問事情，不會扭扭捏捏，都能有所回應

☐ 不怕與其他人玩競爭或比賽類的遊戲

☐ 喜歡當示範、或會主動爭取當老師的小幫手

☐ 當鼓勵孩子加入遊戲群體時，不需要太多協助，很快
就可以融入群體或交到新朋友

☐ 認為自己很棒、事情都做得很好

在這些行為表現裡，大家勾了哪些項目呢？

好了，我要公佈答案囉？

答案是：「都不是！！！」

什麼？！你一定想說，是在耍我們嗎？既然都不是，為什麼還要叫我們勾選呢？而且，有一些行為描述，的確跟大家普遍認為的自信有關呀？！

沒錯，這些行為描述，有些確實是跟自信有關係。但之所以請大家先勾選，再與大家強調並不是符合有自信的表現的原因就在於，許多家長覺得只要讓孩子做到上述的行為，那孩子就是有自信的！

「你可以不要再躲鏡頭嗎？可以有自信一點嗎？」

「你可以自己上台嗎？我們都練習那麼久了，有自信一點好嗎？」

「不要還沒結束就怕自己輸好不好？你怎麼這麼沒自信？」

但事實上是，即使孩子上台了、輸了也不會哭、拍照都很大方，他還是有可能對自己沒信心；而逼孩子「達到上面的行為」，也絕對「不會」是建立自信的方法！甚至，孩子還會因為做不到而更沮喪，因為無法達到「你們所謂的自信」而焦慮。

因此，要釐清自信心的第一步，就是時時刻刻要提醒

自己，不要用達到上述行為的方式，來綁架孩子的自信心！

那麼，回到正題：該如何看待自信心？事實上要了解自信心，就要從大腦裡與自信心等狀態有關的系統——「自我評估系統」開始討論。

自我評估系統會做什麼事呢？它們會特定地在與「自我」相關訊息出現時活化，並收集與「自我相關」訊息的價值。

而與「自我」相關訊息價值的判斷，則仰賴以下的兩種來源：分別是「社會回饋」與「預期與結果的落差」。

🏯 社會回饋

當與「我」有關的部分出現時，孩子就會開始察覺這些部分對別人造成的影響。而當別人開始給出社會或情緒回饋時，孩子就會因為別人的情緒、語言、或行為回饋，而把此時與「我」有關的訊息，與「好」或「壞」的價值做連結。

比如，

我唱歌時→大家都很開心（社會回饋）

此時，我就會覺得「我唱歌」這件事情，是好的，是正向的。

我偷吃糖果→大人生氣地修理我（社會回饋）

「我偷吃」的這個行為，就會被大腦建立在負向的基準值上，而有「我不好」等羞愧感受。

而孩子就在不斷的接收到這些情緒與社會回饋的過程中，開始建立起與「自我」相關部分的評價。此時，我們可以說孩子「自我評估系統」的運作，**雖然說的是「自我」評估，但其實並不是靠自我判定，而是靠著外在給的回饋，當作自我好壞的標準。**

這樣的評估方式大概從兩歲左右開始出現，並在發展過程中，不斷地影響著孩子對自我的評價。

此時要注意的是，兩歲的孩子各項能力都還不是很成熟，所以此時**藉由別人給的評價，來判斷自己是好是壞的評估方式，對孩子的影響就非常巨大！**

而這也是成人與孩子不同的地方，成人因為有「多面向」看待一件事的能力，因此即使接收到別人的回饋，雖然多少會影響我們對自己的看法，但就只會變成「參考」；孩子就不一樣了，他們可能會因為一項負面的社會評價，就覺

得自己不好，或很糟糕。

　　因此，當孩子開始在意別人的評價時，我們就該注意不要因為阻止孩子的行為，而讓他們覺得孩子「自己」不好。

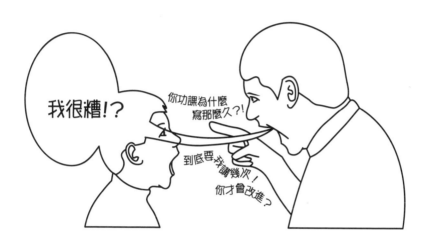

約束行為帶來的羞愧或自我懷疑

　　孩子會因為「被阻止」而覺得自己不好？怎麼說呢？兩歲的孩子正是開始變身小惡魔的年紀，除了自我意識開始變得強烈之外（不想聽大人的、只想做自己的），活動量也開始變大，因此很容易出現一些危險的舉動，比如爬高、拿危險物品、自己亂跑等。

　　而孩子此時的行動雖然沒有急迫的危險性，但也有制止或限制的必要，例如在餐廳亂跑或大叫等。此時我們最常做的事情，就是阻止孩子，並告知「你不能○○○！」或許

伴隨著生氣的情緒；嚴重一點的，甚至會出現罵孩子的舉動「壞壞！要打打！」

　　雖然我們阻止孩子的動機，是因為他做出需要約束的行為，但如果用上述的方法來告知孩子，孩子就有可能會覺得自己很不好，因而出現較低的自我評價，甚至因此羞愧或自我懷疑。

　　看到這裡，你有可能會說：「對呀！我們不就是要讓孩子知道做這些事應該羞愧，所以不該做嘛？」但就像前面說的，**孩子此時對自我的評價，就會受到單一面向思考的影響**，而覺得自己「全部」都是糟糕的、都是不好的！

　　此外，引發「羞愧」情緒會發生什麼事呢？大家可以想想我們被老闆罵的時候，此時的我們，要不想找地洞鑽，要不回到位置上跟同事講老闆的壞話，對吧？

　　沒錯，當我們羞愧時，就容易誘發兩種行為決策──要嘛「逃跑」、要嘛「反擊」。因此才有我們罵完孩子後，他們不但沒有想要修改行為，反而出現生氣大叫等情緒。而不管是出現哪一種決策，都沒有辦法發揮「修正自己行為」的作用。

　　而為了避免孩子自我懷疑或產生羞愧，許多兒童發展專家也會呼籲家長：「盡量不要阻止孩子的行動。」

　　但家長們一定也想要吐槽：「這些發展專家一定沒帶

過孩子！怎麼可能不阻止孩子！你們知道孩子的行為要多失控就有多失控嗎？！」

是的，每天與孩子相處的我們知道孩子有多失控！既然如此，要如何做到不影響孩子的自我評價，但可以讓他們知道自己的行為該有所修正呢？

利用「罪惡感」建立道德基礎

「罪惡感」與羞愧感不一樣，這個情緒不是因為覺得自己不好而產生的，**而是在自己的行為「打破規則／規範」，因而「影響到別人」時出現的。**

當我們對自己的行為產生罪惡感時，我們就會開始修正自己的行為，或試圖彌補自己對別人的影響。

比如對大多數的學生而言，「準時上學」是一條規則，而當不小心遲到，導致原本我負責的掃地區域要同學幫忙時，我們就會因為罪惡感提醒自己要早起，不要再遲到了。

因此當我們在規範孩子的行為時，**如果能有效利用「規則」以及「行為影響到他人」這兩點來做提醒**，就能讓孩子避開羞愧或自我懷疑。

利用「規則建立」以及「破壞規則會影響到別人」修正行為

怕孩子拿玻璃杯摔破而有危險時：

- 基於規則：「我們說好了，玻璃的東西要怎麼拿？對喔！要用兩隻手拿。」
- 基於影響他人：「如果玻璃摔破了，有人不小心踩到了就會流血痛痛喔！我幫你把玻璃杯收起來好嗎？」

怕孩子在走廊上奔跑摔跤時：

- 基於規則：「我們說好了，在房子裡不能跑步喔！如果你想跑的話，我們一起去公園跑吧。」
- 基於影響他人：「因為地方很小，在房子裡跑來跑去會怎樣？會容易撞到別人！」

當孩子在餐廳裡尖叫時：

- 基於規則：「我們說好了，想要大叫的時候，要在旁邊沒有其他人的地方喔。」
- 基於影響他人：「大叫的時候，旁邊的叔叔阿姨會覺得不舒服，會影響到他們吃飯的心情喔！」

因此，我們不是不能阻止孩子的行為，而是要避免在阻止的過程中，賦予他「自己不好、很糟糕」的價值。當我們換一個方式跟孩子溝通時，就能告訴他：「不是因為你不好才被阻止，而是因為有一些行為需要修正。」

值得提醒的是，雖然利用罪惡感建立道德基礎的方式比較不會影響孩子自我評價的發展， **但不是特效藥，需要時間累積。**

比如規則就需要家長同理且一致地實行，不然孩子也總覺得有機可趁，規則就不會形成。

而「不影響他人」的提醒原則，是**「你的行為會影響到別人」**，而不是**「別人都在注意你」**。

「你看！別人都在笑你！你好丟臉！」「你看，你哭哭大家都在看你」，這樣的說法其實也是在羞辱孩子，有必要轉換一下說法喔！

🏛 預期與結果的落差

隨著連結「因」與「果」的認知能力發展越成熟，三歲之後的孩子會開始對自己的行為結果有所預期及期待。

當他們在事情開始前就能夠有所預期，此時就會藉由結果與預期的落差，來判斷在過程中的「我」是正向的，還

是負向的。

比如「我想扣紐扣」，因此嘗試用不同的方法扣扣子，但最後發現都沒有辦法扣好，這時我就會覺得「我扣紐扣的能力很差」。

就在這樣不斷地預期與比較結果的過程中，孩子即發揮另一種自我評估的方式，來得知自己狀態、或能力的好壞。

值得注意的是，即使孩子出現了利用比較結果與預期的方式來評估自我，前述社會回饋的影響仍在喔！

比如孩子折了一隻兔子，由於兔子的耳朵跟原本想的不太一樣，所以孩子覺得自己折得不好，很糟，但此時大人回饋：「哇！你折的兔子好棒耶！你的手好巧！」，孩子即有可能會修正自己的評價：「原來還不錯！」

總結而言，當自我評估系統啟動，開始收集與自我相關訊息的價值時，我們即利用上面這兩種評估方式，得知自我「能力」「表現」「狀態」等的好壞。

而在知道我們如何評估「自我」後，接下來，我們就來聊聊如何看待自信心、自尊心與挫折忍受度。

🏛 自信心、自尊心與挫折忍受度

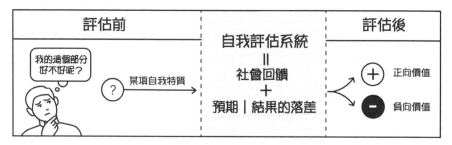

由前面的描述我們可以知道,「自我評估系統」,是由「社會回饋」、以及「預期與結果的比較」所組成。而當一開始我們並不確定自我某項特質的評價時,經過自我評價系統的處理後,才判別這項特質屬於正向或負向的價值。

自信心

而所謂的自信心,指的就是自我評估系統的「偏差程度」。大家可以參考以下圖解:

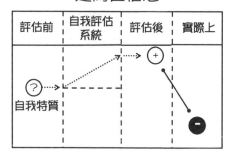

所謂的自信心過高,指的是自我評價系統總是出現過高的偏差:
明明沒有能力做到這件事,但卻覺得自己很厲害、很棒。
但實際上,完成這件事,仍需克服許多不足。

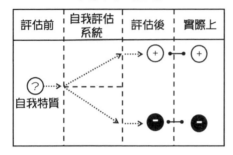

—— 適中自信心 ——

評估前	自我評估系統	評估後	實際上
? 自我特質		⊕ ⊖	⊕ ⊖

所謂的自信心適中，指的是自我評價系統偏差不大。
在評估自己完成這項任務的能力時，知道自己有擅長的地方，也有不足的地方。
而評估出來的結果，也與真實情況落差不大。

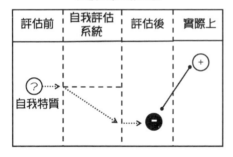

—— 過低自信心 ——

評估前	自我評估系統	評估後	實際上
? 自我特質		⊖	⊕

所謂的自信心過低，指的是自我評價系統總是出現過低的偏差。
明明擅長的、有能力可以完成的，但卻覺得自己做不到、無法完成得很好。

　　從上圖中，我們可以看到影響自信心發展最主要的因素，就來自於「自我評估系統建立」的狀況。

　　比如說，當社交回饋只有「你好棒」，而沒有明確的告知孩子是因為「你做了什麼」或是因為「你的什麼能力」才稱讚你時，孩子就有可能會覺得自己什麼都很棒，而失去評估自己能力的機會，因此也造成「過高自信心」的出現。

因此所謂的自信，不是逼著孩子達到某項行為他就會有，而是帶著孩子去評估自己的能力，知道自己在完成這項任務上有什麼優勢及弱勢，而弱勢的部分，又可以靠著什麼樣的方法來補足或加強。

如此，在自我評估系統建立成熟的狀況底下，孩子才有可能獲得「真正的」自信。

自尊心

此外，在我們自我評估系統不斷地運作底下，我們即會對自己的各種狀態、能力等進行評估，而達成在某一時間點，對自己「整體」的想像。

這些「綜合」之後的結果，即是我們的「自尊心」。

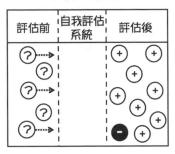

── 高自尊心 ──

評估前	自我評估系統	評估後

在評估完與自我有關的部分後，覺得自己「都很好」，沒有什麼需要加強的地方。屬於高自尊的狀態。

——自尊心適中——

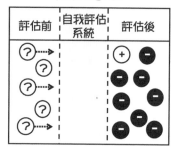

評估前	自我評估系統	評估後

在評估完與自我有關的部分後，覺得自己「有好的地方」、也有「需要加強的地方」。屬於自尊適中的狀態。（但是事實上，我們常會高估自己一點喔！）

——低自尊心——

評估前	自我評估系統	評估後

認為自己「大部分」都很差、很糟糕、沒有什麼有價值的地方。屬於低自尊心狀態。

　　我們自尊心的狀態，對自我各個層面的影響是相當大的。比如我是個自尊心高的人，我總認為自己各個地方都很好，都不需要調整，我可能就比較無法接受別人的意見，或對別人的建議嗤之以鼻。

　　而當我是自尊心較低的人，由於我覺得自己什麼都不好，我也會不相信自己能夠完成某件事或達成目標，我就會處在失去動機的狀態中而抑鬱萎靡。

挫折忍受度

至於挫折忍受度呢？則是當原本預期正向的狀態，實際上卻遇到負向的結果時，我們調節自己情緒的能力。

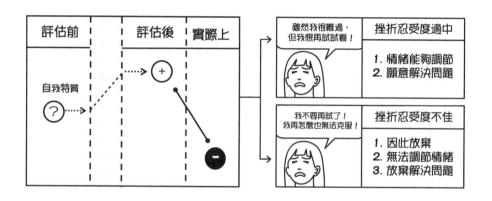

而從上圖可以看到，許多家長容易誤會的地方，**就在於認為「挫折忍受度良好」，就是「當孩子遇到挫折時、都沒有情緒！」**

但**「沒有情緒」，並不是挫折忍受度的指標喔！**甚至當孩子遇到失落沒有情緒時，我們反而要注意，**這可能是因為孩子開始不在意結果了！**

因此，讓孩子知道失落時本來就會難過、會有情緒波動，是非常正常的事。而挫折忍受度訓練中要做的事，就是引導孩子學著怎麼調節情緒！

最後，我們會在下一章繼續討論，當孩子需要調整自信心、自尊心、挫折忍受度時，我們該怎麼辦。

練習（四）：
如何在不影響孩子自我評價的狀態下設立規範

Step 1　寫下一個最近與孩子常發生的衝突事件：

_____

_____

Step 2　分析事件發生的情境要素，即事件發生的場合、時間、行為等。分析好的要素可作為後續設立規則的來源。

人物：_____

時間：_____

場合：_____

行為：_____

物品：_____

Step 3　上述的情境要素中，與孩子發生衝突的原因是？
比如衝突的事件是十點了，而孩子還沒上床睡覺，而此事件中衝突的點就是時間；如果衝突的點來自於在外面餐廳吃

飯，孩子容易跑來跑去，那衝突就來自於場合；與人的衝突包括跟奶奶講話會頂嘴、上課時容易與其他同學講話等。

Step 4　與孩子討論規則。針對其中發生衝突的情境要素（人、時間、場合、行為、物品）制定規則，並與孩子討論會對別人造成什麼樣的影響，以及可能影響到自己的部分（影響到自己的部份可視同處罰，而處罰只要彼此都能夠接受、不體罰就可以囉！）

衝突點（情境要素）：＿＿＿＿＿＿＿＿＿＿＿＿＿＿＿＿

規則：＿＿＿＿＿＿＿＿＿＿＿＿＿＿＿＿＿＿＿＿＿＿＿

破壞規則會影響到別人：＿＿＿＿＿＿＿＿＿＿＿＿＿＿＿

也會影響到自己（處罰）：＿＿＿＿＿＿＿＿＿＿＿＿＿＿

Step 5　執行規則。當發生衝突時，以上述講好的規則與孩子溝通。切記，如果不是說好的規則，就不用與孩子堅持；而規則也可以在執行後，再與孩子討論、做出修正喔！

2-4 自我評估系統：自信心越高越好？

其實對於標題的回答，相信看過前一章的大家，應該非常清楚了。

由於自信心指的是自我評估系統的偏差程度，因此過高或過低的偏差，都會造成我們誤判自己的能力，而造成後續的影響，比如低自信心帶來的焦慮、自我懷疑、或者過高自信心所帶來的盲目、過度肯定等。

而每個孩子都有其獨特的人格特質，彼此的能力也大不相同，因此在所處的環境不一樣的影響下，就可能出現不同的心理狀態。

本節的重點，就是想帶大家來討論，如果自己的孩子是處在不同的心理狀態時，可以如何幫助孩子調整狀態！

🏯 類型一

這組合乍看之下超級矛盾，孩子都因為低自信覺得自己做不到了，為何最後的整體狀態還會覺得自己都很好呢？

但大家不要忘了喔，自我評估系統中，就包含了兩個部分，一個是社會回饋，另一個則是預期與結果的落差。

高自尊卻低自信的孩子，即**容易因為「社會回饋」與「預期與結果」不平衡**，使得自己覺得整體來說很好，卻又無法評估自己能力的狀況。

比如說，當孩子面對任務時，家長只有在旁鼓勵「你什麼都很好啊！你最厲害了！」卻忘了引導孩子評估自己的能力。因此一旦結果卻不如預期時，孩子也無法藉由自我評估，找出自己優勢及弱勢的地方。

也因為如此，當做不到的時候特別容易放棄，卻也不想接受別人的協助與幫忙，甚至因而出現許多衝突。

如果孩子是上述特別愛面子的狀態的話，我們該如何協助孩子呢？

1. 稱讚孩子，要連結稱讚他的原因

第一件我們可以修正的事，就是稍微調整一下稱讚孩子的方法：**將稱讚的原因講出來，而非只有稱讚你好棒。**

比如稱讚孩子打掃乾淨時，指出明確的稱讚點：「你有特別注意角落，把角落掃得很乾淨。」此時孩子就會知道是因為自己多注意而得到能力上的肯定。

2. 找出要加強的能力，並教孩子設定合適的預期

即使同一個能力，也容易因「社會回饋」及「預期與結果」不一致，而出現不平衡的狀態。

比如在家裡，的確弟弟就是因為年紀還小，所以能力跟哥哥有落差；而哥哥也覺得自己什麼都比弟弟強，因此覺得自己最厲害（導致高自尊）。

但哥哥在上學後發現，其實有許多事情跟自己預期的不一樣，如許多學習上的目標沒辦法第一次就成功，或者無法做得跟同學一樣好，所以無法肯定自己是否能完成目標（低自信的偏差），因而造成「高自尊卻低自信」的狀態。

而在此情境中，由於社會回饋的因素（兄弟年紀）是我們無法改變的部分，因此，我們就可以從「預期與結果」的部分來著手。

比如哥哥在學校踢球總是踢不進球欄，而其他同學都可以，因此要上體育課時總是特別緊張，卻又不願意老師教他時，我們就可以與孩子討論如何設定合適的預期。

比如先將「預期目標」設定在可以一邊踢球一邊跑步這件事情上，當做到時，再將目標調整至踢進球欄。

如此一步一步的調整，才能讓孩子清楚知道自己現在的能力可以做到什麼事，而又可以靠什麼努力達到下一階段的目標。

3. 練習歸因的技巧

「歸因」指的是如何歸納事情發生的原因，常見方式有二，一是「外歸因」：這樣的結果，都是別人問題、都是環境不好，而將事件發生的原因完全推向外在；另一種則是「內歸因」：會出現這樣的狀況，都是我自己不好，所以都是我的問題。

但高自尊卻低自信的孩子在問題發生時，由於不覺得自己有哪邊不好，因此就容易出現用「外歸因」的方式來釐清問題。

「都是你不好，所以我才沒完成！」
「我沒有錯！都是別人的問題！」

此時由於不斷地外歸因，孩子也不會檢討自己，無法評估自己有哪裡需要加強，因而出現類似的循環。

若平常有帶著孩子練習歸因的機會，就可以讓孩子知道，其實也可以從自己身上找答案！不過由於愛面子的狀況會不斷地影響孩子內歸因的意願，因此初期練習時，我建議可以先從「假設性的情境」開始練習。

察覺內歸因

去公園玩時,放在地上的水壺被別人弄倒了,請問是誰的問題?

(引導時,不僅要帶著孩子察覺外歸因,也要能夠內歸因。)

· 外歸因:踢到我水壺的人。
· 內歸因:把水壺放在地上的自己也有責任。
· 解決問題:應該將水壺交給爸爸媽媽保管,或將水壺靠在沒有人的柱子旁邊會比較好。

🏛 類型二

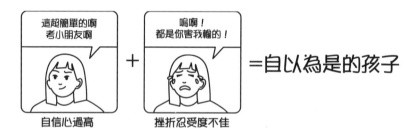

這類型的孩子其實很常見,因為大腦本來就會傾向做出過於樂觀的評估。但當我們發現結果與預期有落差時,就會出現情緒波動,此時如果情緒調節的能力較差,孩子就會出現從原本「胸有成竹到輸不起」的高強度對比狀況。

面對孩子總是自以為是，卻在失敗時崩潰不願意再嘗試的狀況時，可以怎麼引導孩子呢？

1. 不要過早讓孩子接觸「輸贏」的遊戲

許多家長認為，孩子的挫折忍受度可以藉由不斷地讓他習慣失敗而越挫越勇，進而提高挫折忍受度，因此與孩子練習的方式，就是不斷地讓孩子輸掉遊戲或失敗，並告訴他：「輸了沒什麼！」

但試過這個方法的家長都知道，孩子要不每次越哭越大聲、要不真的開始無感，根本沒有達到訓練挫折忍受度的目的。

甚至**當孩子還沒有練習好調解自己情緒的能力，就讓孩子過早接觸輸贏的遊戲時，孩子就只會在反覆的失敗中覺得失控，而使得因挫折而出現的難過情緒，變成更難處理的生氣情緒。**

因此，**我通常會建議在五歲，甚至六歲以前，孩子情緒調控能力還有很大的成長空間時，盡量先不要跟他玩輸贏的遊戲喔！**

2. 將注意力導向贏過「自己」，而不是與「別人」比較

即使不與孩子玩輸贏的遊戲，還是可以與孩子練習挫折忍受度喔！

練習的方式，就是與孩子討論怎麼贏過自己！

比如選一款桌遊，第一次的時候孩子得到三分，在玩第二次之前，先與孩子討論「你覺得怎麼做，我們可以得到超過三分，贏過第一次的你呢？」

而如何贏過自己的訣竅，就是靠著發現自己可以改進的地方，並想出解決的策略，再試一次！

這樣的引導，就是在告訴孩子**不管你覺得自己有多不好，我們都有方法或方式可以幫自己。**

3.同理孩子失落的情緒

當然，在挫折忍受度的訓練過程中，最重要的，還是讓孩子知道失敗了不可恥、以及難過是非常正常的事。至於同理的方法，大家可以參考 P232 的介紹喔！

🏰 類型三

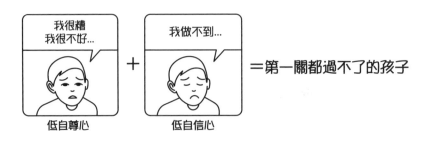

我很糟 我很不好...
低自尊心

＋

我做不到...
低自信心

＝第一關都過不了的孩子

當孩子處在低自尊、低自信、低挫折忍受度狀態時，最有可能來自兩種原因：一是家長不習慣肯定，並回饋孩子價值，二是孩子能力上的確有所不足。

第一類型的家長通常也會以比較「威權」的方式引導孩子：「我要求的事情你就是要做到！」因此孩子總是得不到肯定、容易自我懷疑，也不知道自己到底哪裡好。這類型的家長，可以試試看以下的方式：

1. 試著評估孩子的能力

許多家長其實也不是要故意以威權的方式引導孩子，只是沒有習慣考量孩子的能力狀態。

比如孩子上一整天的課已經很累了，還要孩子一回家就把功課寫完。想想上了一整天班的我們，也不太可能一回家就又繼續處理公事，對吧？

因此，當我們對孩子要求的時候，請試著提醒自己：孩子沒辦法完成事情時，除了「不願意」做的原因之外，還有一個可能的方向，就是他們可能「能力不足」！

當我們知道孩子不是不願意做，而是能力不足時，就可以試著調整目標，或帶著孩子補足能力上的不足，而不是一味的要求孩子喔！

2. 注意自己的表情

　　我們都是社會化的大人了，因此會習慣隱藏自己的情緒，並控制自己不要表現表現太多在表情上。

　　但孩子主要是靠著大人的表情當作社交回饋，此時，「表情」與「溝通語言」的一致性就非常重要喔！所以下次鼓勵孩子時，記得也加上一個大大的微笑吧！

　　第二種讓孩子低自尊、低自信的原因，就在於孩子本身可能的確能力不足，而這也是許多臨床上常見，發展遲緩的孩子容易出現的狀態。

　　由於他們本身能力有限，使得他們不容易達到目標，也因此常有「想做但做不到」的狀況。如果孩子是因為上述原因的影響，可以參考以下幾點：

1. 第一次時，就要讓孩子百分之百成功

這類型的孩子不覺得自己是有能力的，因此在嘗試新活動前，他們就預期自己會失敗，甚至會因為在意旁人的關注，從一開始就處在完全放棄的狀態，連試都不想試。

當孩子出現這樣的狀態時，**「讓孩子知道其實自己是有能力的！」就非常重要了喔！**方法也很簡單，只要讓孩子在第一次做事時，保證他百分之百成功可以了。

比如先挑一個孩子十分有把握的活動，成功後再讓他試試看較為困難的任務，孩子嘗試的意願也會比較高！

或在孩子第一次嘗試較難的任務時，提供較多的協助、將活動分級成較簡單的版本等，都是可以試試看的方法！

2. 讓孩子有機會贏得你的注意力

接著，讓孩子知道該如何獲得社會回饋也非常重要！

比如平常就可以給孩子一些指配的小任務，讓他在完成後（如晚餐幫忙端盤子等）再給予稱讚，讓孩子知道其實自己還是有能力獲得肯定的！

3. 促進精細動作能力——讓孩子有掌控感

當孩子覺得自己沒有能力完成事情時，就無法擁有「掌控感」。

而讓孩子對於某些事物更有掌控感，並知道可以靠自

己的力量來完成，以及有方法可以克服困難，對孩子的自信心而言非常重要！

至於要挑什麼練習來讓孩子有掌控感，我會建議可以先從**精細動作的訓練開始**，比如拼樂高積木、練習用剪刀剪下卡通人物的紙卡等。

過程中一定會遇到一些困難，這時幫助孩子知道：

1. 自己已經完成什麼
2. 可以用什麼方法克服困難

就會是引導的重點喔！（詳細的方法可以參考 P169 的小技巧）。

挑選精細動作訓練的任務也可以考慮，以難度方便調整、慢慢分級的為主，比如捏黏土就很適合。等級一先學會戳出小湯圓，等級二是捏出喜歡的小動物、等級三則是捏出人偶等。

等到孩子可以靠自己的力量完成想做的事情，就會越有掌控感，自信心也會逐漸地增加！

練習（五）：
讓孩子贏過自己

建議年齡：四歲↑可

Step 1　選一個遊戲，得分方式不要是靠運氣的（比如用骰子決定前進步數的遊戲就不適合）至於是單人／多人的遊戲方式都沒關係。

Step 2　讓孩子先玩一次桌遊，並記錄得分。

Step 3　告訴孩子會再玩一次，但在玩下一次之前，要想方法贏過上一次自己的分數。

Step 4　找出可以改進的地方，並與孩子討論出至少三種方法，幫助孩子克服困難，以達到贏過自己的目標。

Step 5　讓孩子照著上面想出來的策略，再玩一次，達到贏過自己的目標。

如果沒有贏過也沒有關係呦！可以朝著解決問題（參

考 P174 練習九）的方向，直到贏過自己為止。

選擇的遊戲是：_____

第一次得分：_____

【目標】

贏過上一次的_____分。

上一次有哪邊做得好的可以維持：_____

_____

上一次有遇到什麼困難或覺得可以改進的地方：_____

_____

需要改進的地方，可以用哪三種解決策略來調整：

1._____

2._____

3._____

2-5 自我動機系統：我想要！

🏛 還記得我們在人生不同階段的「想要」嗎？

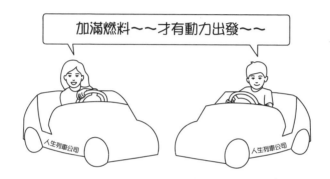

加滿燃料～～才有動力出發～～

　　四歲的你，可能剛看完童話故事，因此想要當公主、要求大人買公主裝、試著自己用紙組了個皇冠，可能也拿起媽媽的口紅來塗，即使知道會被罵也在所不惜。

　　五歲的時候，被玩具店裡組成的樂高軌道震撼，因此在想要一座屬於自己的軌道下，研究著怎麼用樂高排出想要的模型。

　　在過程中，即使疊出不對的道路也不氣餒，仍努力著找尋著零件，規畫屬於自己的軌道。

　　六歲的時候，陶醉在鋼琴的音色中，望著台上音樂家靈巧的雙手所演奏出的美妙樂章。

那一刻，你立刻請求父母讓你學彈鋼琴，想像著假以時日，坐在舞台上表演的人是你。

以上的「想要」或許你也有過，而我們的行為與決定，正是被這些「想要」給驅動著。

不僅如此，不管最終有沒有達到想要的目標，這些想要的過程，也得以讓我們探索世界、挖掘或建立自己的能力、甚至在追求想要的過程中，建立自己的角色（比如成為芭蕾舞者或鋼琴家）。

「我想要」就好像人生的燃料一樣，而在燃料提供的動力中，讓我們的人生不斷地往前推進，但如果出現「沒有燃料」的時候，我們該怎麼繼續前行呢？

比如孩子再怎麼催，就是不會主動幫忙做家事；面對課業總是興趣缺缺，總要你拿出愛的小手出來，孩子才心不甘情不願地做；或者明明已經做到一半，卻沒補充好燃料，或補充錯誤，使得行動暫時停止時，又該怎麼讓孩子繼續啟動呢？

因此，在「動機系統」的議題中，我們就可能會面臨兩種狀況：

1. 該如何提供燃料，讓孩子進入「我想要」當中。

2. 以及，當孩子的「我想要」燃燒殆盡時，該怎麼協助他延續動機。

　　在討論這兩個角度時，也會因為「事件」的不同，而有不同的燃料機制與補充方式。

　　因此，我想要先與大家釐清該如何針對不同的事件，才能夠選擇後續該如何補充，以及提供合適的「燃料」。

🏛 學習動機與行為動機

　　藉由事件「本質」的不同，我們大致可以將日常事件分為兩種類型：**一為「學習」相關，另一種則是純粹的「行為」**。也因為這兩種事情在本質上有所不同，因此執行的動機就會有些不一樣。

　　先拿「行為」來說。人類本質上就是「省能」的動物，能節省能量，就盡量以省力的方式完成，直到事情不做時會被罵，或者做完會得到獎賞時，我們才開始嘗試做這件事。

　　因此「行為」事件的動機，**就來自於「趨賞避罰」**。這類事件一開始的燃料，就在於做完這件事之後的結果（比如得到稱讚、避免處罰等），而非事件本身。

　　學習就有些不一樣了。心理學家認為，我們對於「學

習」天生就具備內在動機。

比如沒有人說你玩玩具可以得到餅乾，但幼童看到玩具在地上，會主動去探索、試著用不同的玩法玩玩具，想辦法克服在玩的時候遇到的挑戰。

換句話說，我們對於「學習」，是天生就有興趣的。**因此與「行為」不同的是，「學習」類事件的燃料，其實就來自於「學習本身」。**

	行為	學習
本質	我們是「省能」的生物	我們對於學習，「天生就具備內在動機」
初始動機（燃料）	趨賞避罰	學習本身
例子	做家事、整理書包、生活自理等	學鋼琴、學游泳、學習新知識等

因此，我們在引導孩子之前，就要先分清楚事情是屬於「行為」還是「學習」，才能藉由事件的本質提供不同的燃料，引導孩子學習如何儲存推動自己前行的動力。

最後，我想帶著大家做個簡單的練習。讓我們在進入下一章的介紹之前，先初步分析一下孩子現在動機的狀態，以釐清後續如何繼續促進孩子的「我想要」。

練習（六）：
動機狀態分析

1. 請先將「所有」您希望孩子完成的事情，寫在下面
   （無論目前是孩子自己會做，還是需要大人提醒，
   或讓您非常困擾的事件都可以）：

   _____

   _____

   _____

2. 將事件一個一個放入右頁的流程圖分析，該事件是
   屬於何種類別、以及何種狀態。

3. 參考下面頁數，後面章節找到解決策略！

【行為事件】

1. 毫無動機，趨避型→參考 P109

2. 外在動機，趨賞避罰型→參考 P141

3. 內在動機，自律型→參考 P158

【學習事件】

1. 無學習動機型→參考 P133

2. 有學習動機，需要延續型→參考 P160

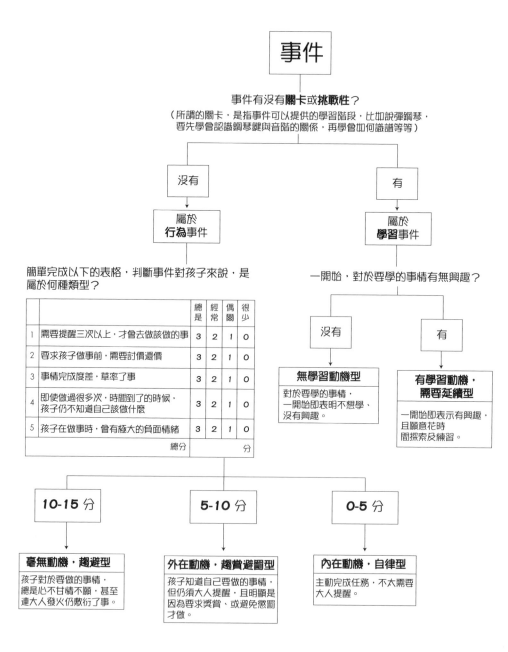

事件

事件有沒有關卡或挑戰性？

（所謂的關卡，是指事件可以提供的學習階段，比如說彈鋼琴，
要先學會認識鋼琴鍵與音階的關係，再學會如何識譜等等）

沒有 → 屬於**行為**事件

有 → 屬於**學習**事件

簡單完成以下的表格，判斷事件對孩子來說，是屬於何種類型？

		總是	經常	偶爾	很少
1	需要提醒三次以上，才會去做該做的事	3	2	1	0
2	要求孩子做事前，需要討價還價	3	2	1	0
3	事情完成度差，草率了事	3	2	1	0
4	即使做過很多次，時間到了的時候，孩子仍不知道自己該做什麼	3	2	1	0
5	孩子在做事時，會有極大的負面情緒	3	2	1	0
	總分				分

一開始，對於要學的事情有無興趣？

沒有 → **無學習動機型**
對於要學的事情，一開始即表明不想學、沒有興趣。

有 → **有學習動機，需要延續型**
一開始即表示有興趣，且願意花時間探索及練習。

10-15 分
毫無動機，趨避型
孩子對於要做的事情，總是心不甘情不願，甚至連大人發火仍敷衍了事。

5-10 分
外在動機，趨賞避罰型
孩子知道自己要做的事情，但仍須大人提醒，且明顯是因為要求獎賞，或避免懲罰才做。

0-5 分
內在動機，自律型
主動完成任務，不太需要大人提醒。

2-6 自我動機系統：
啟動孩子做事的開關

九歲之前的孩子行為，是基於「趨賞避罰」而來

煮三餐（然後煮完吃不下）的循環

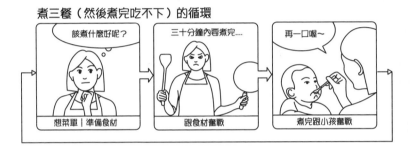

該煮什麼好呢？ | 三十分鐘內要煮完…… | 再一口喔～
想菜單｜準備食材 | 跟食材奮戰 | 煮完跟小孩奮戰

「老師！你知道煮三餐有多累嗎？！光是準備三餐的食材，以及煮的時間就可以耗掉你一整天。而且煮完飯後根本沒食欲，看著大家吃完後還要洗碗，然後小朋友在旁邊跑來跑去，家裡的大老爺還翹腳坐在旁邊……早知道不要結婚了。」

「既然這麼煮三餐這麼累，那是什麼原因讓您繼續煮下去的？」

「責任吧！」

上面這段話，有煮過三餐的媽媽一定不陌生，但也讓我聯想到另一個場景：

> 「小朋友，你喜不喜歡寫功課呀？」
>
> 「不喜歡！老師你知道寫功課有多累嗎？學校功課超多，寫完手很痠，寫不好還要被媽媽擦掉，被學校老師說要重寫……」
>
> 「我最討厭當學生了，當學生好累！」
>
> 「可是你很棒，功課都還是有寫完呀！」
>
> 「因為沒寫完會被打，去學校會被同學笑！」

相信大家對於上面的抱怨，應該都不陌生。

我們的日常生活中，時常也是如此，充斥著許許多多「不想做，但又必須做的事情」。大人們還有責任感，會稍微逼自己一下；但要孩子做他不想做的事情，簡直是許多家長的惡夢。

而如此差別的原因，就是當孩子還在「趨賞避罰」的發展階段裡時，就需要有誘因；或者旁邊要有大人盯著，孩子才會願意完成事情。

也因此，許多家長的希望，就是能夠引導孩子出現「不在他人的提醒下，也能主動完成事情」的動機。

所以說，當孩子遇到「不想做」，卻又「必須做」的

事情的時候，我們要該如何增加孩子的動機呢？又或者，即使孩子還在趨賞避罰的發展階段中，是否有打罵、或威脅利誘以外的引導方式呢？

也在於不同的事件本質、以及動機狀態，就會有不同的建議以及燃料需求，因此接下來的介紹，就會以前一章分析後，歸類在「行為類事件：毫無動機，趨避型」、以及「學習類事件：無學習動機型」這兩類型的孩子為主。

就讓我們一起來看看，要怎麼啟動這兩類孩子做事情的開關吧！

🏰 行為類事件：毫無動機，趨避型

「行為類」事件的特色，就是**一開始都不是自己主動想做，而是在大人的期待或施壓之下，我們才開始因為怕被大人罵，或想被稱讚而完成事情。**所以在前面的介紹中，才會將這類型事件的「動機本質」，歸類在「趨賞避罰」上。

因此大多數的孩子不是不乖，只是一開始對於行為事件的態度就是處於「大人在我就做，大人不在沒人提醒我，我就不會主動做」的狀態中。

　　但也有一些孩子，可能在先天因素或後天環境的影響下，做事時不但需要大人提醒，還非得要大人發火他才勉為其難地做一下；甚至做的時候，還會出現極大的負面情緒，比如邊做邊發脾氣甚至亂做一通。

　　最重要的是，即便大人前一次再怎麼生氣也沒用，依舊我行我素，只做自己想做的事。也因此要這類的孩子做事情時，也是讓家庭氣氛變得烏煙瘴氣的時刻。

　　不過究竟是什麼樣的先天因素，或後天教養方式才會讓孩子出現這麼「毫無動機，甚至極力趨避」的樣子呢？

　　如果要釐清解決的方向，就要請大家在繼續看下去之前，先用以下的分類流程圖，分析一下影響自身孩子動機的原因，才能治本解決問題！

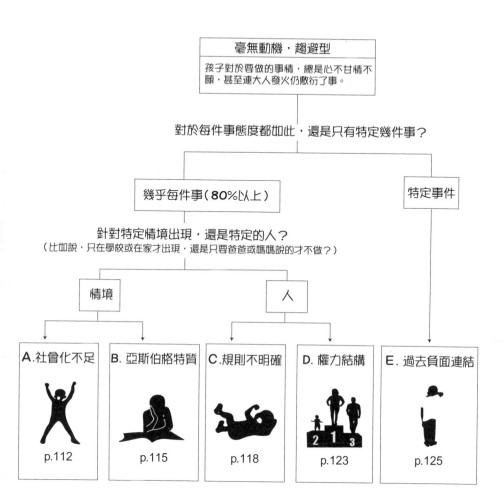

毫無動機，趨避型

孩子對於要做的事情，總是心不甘情不願，甚至連大人發火仍敷衍了事。

對於每件事態度都如此，還是只有特定幾件事？

幾乎每件事（80%以上）

特定事件

針對特定情境出現，還是特定的人？

（比如說，只在學校或在家才出現，還是只要爸爸或媽媽說的才不做？）

情境

人

A.社會化不足
p.112

B. 亞斯伯格特質
p.115

C.規則不明確
p.118

D. 權力結構
p.123

E. 過去負面連結
p.125

WANTED

A. 社會化不足

無法融入群體的一匹狼！

原因：社會化不足
年齡：好發於三歲半至四歲
懸賞注意：
1. 建立「結構化」情境
2. 給予「社會情境」規則

所謂的社會化，指的是孩子開始因為要進入團體，學習如何跟其他人一起生活的過程。

在這個過程中，孩子就會了解到並不是任何時刻，我想做什麼就能做什麼，而是必須遵守團體規範，或在不影響其他人的前提下，學習如何約束自己的行為。

如果孩子社會化不足，就有可能會出現「只做自己想做的事」的情況，無法在其他大人的規範下執行團體任務。甚至當大人要求、或規定孩子該做的事時，孩子就會出現情緒、無法配合的情況。

此狀況最容易發生在三歲半至四歲半的孩子身上。

這個階段的孩子，剛好要從過去無拘無束的狀態進入幼稚園等「結構化」的環境。當大人試圖引導時，由於孩子還沒有社會化的適應，就會出現「不想聽、不想做、甚至大哭大鬧」的情緒。

引導方式

（一）建立「結構化」的情境

向孩子說明「情境」，讓孩子知道有些時刻（情境），不是想做什麼就能做什麼；並利用制定情境「規則」的方式，讓孩子知道行為約束的方向。

比如「吃飯情境」，就可以制定「吃完飯才能玩遊戲」

的規則；或說明「每天都有做功課情境」，並制定「完成功課才能做自己想做的事」的規則。

要注意的是，不要一次就在太多情境下制定規則，同一時期，以適應一個情境為主。

（二）給予「社會情境」的規則

讓孩子知道，有所謂的「社會情境」規則，比如「等待」「輪流」。這些規則雖然在一個人的時候不會發生，但如果要進入團體中，就必須要遵守。

比如「等待規則」，就可以練習在吃餅乾前，要數到30才能吃；或是「輪流規則」，練習與孩子玩遊戲時，提醒「爸爸完成了，要換誰呢？」或「你完成了，接下來會換誰？」

練習成功後，就可以試著將規則類化到不同的社會情境中，比如等待排隊結帳、輪流玩溜滑梯等。

WANTED

B. 亞斯伯格特質

難以察覺社交訊息，容易我行我素的小大人！

原因：亞斯伯格特質
懸賞注意：
1. 建立規則
2. 用「最想做的事」當作規則的回饋

除了社會化不足之外，亞斯伯格特質也是常見影響孩子「動機」的因素之一。

常聽到有亞斯特質孩子的家長抱怨：「想做的事情可以非常專心，但一旦不是想做的事情，即使再怎麼逼都沒有用！」

當然，拿「想」與「不想」來做比較，是人之常情，但亞斯的孩子的對比程度就更大了，甚至會讓大家覺得他們有「我行我素不聽指令」的感覺，而使得他們無法快速地適應團體生活。

而亞斯孩子在做事上會有如的落差，原因就來自於他們對於「社交訊息」的察覺較不敏感，也因此在做事的動機上面，會有不同的價值系統排序。

對他們而言，「想做的事情」（或注意到的細節、堅持的邏輯）是最重要的，之後是物質回饋，最後才是社交訊息的回饋。

在「趨賞避罰」階段的孩子　　「亞斯伯格」特質的孩子

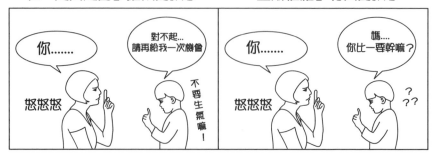

注意，這裡的社交訊息的回饋，指的「不是」想不想交朋友（想不想交朋友端看人格特質，有些人就是喜歡交很多朋友，有些人就覺得有單一互動對象就好），而是別人的情緒、肢體動作的改變、表情的變化等。

而因為對於這些社交訊息的不敏感，導致亞斯孩子做事情時，比較不會因為「大人生氣」就有所改變。

也因為**「想做＞物質＞社交」這樣的價值排序落差，使得孩子在做事情的選擇上，越偏向選擇自己喜歡的來做，而且會特別堅持。**至於其他對他們來說不重要、沒興趣的事，即便在大人的規定下，孩子還是要不興趣缺缺，要不敷衍了事。

引導方式

雖然亞斯孩子對社交訊息不敏感，但他們也特別在意「規則」。

因此，將事情的執行與分配，建立成簡單的規則，並將孩子「最想要」的事情排在後面當作獎勵，孩子就比較能夠按照規規則來完成任務。

比如每天晚上討論有哪五件事要做，只要完成一件事就能夠得到一個星星，集滿三顆星星就可以在睡前選擇一件想做的事情來做。

Wanted

C. 規則不明確

一哭二鬧，永遠都在測試底線的小油條！

原因：規則不明確
懸賞注意：
1. 預告規則
2. 先講好，再堅持
3. 提供解決方法
4. 考慮孩子的能力

如果孩子的動機議題，並不是在每個情境中都發生，而是針對「特定的人」的時候，該怎麼辦呢？

比如說孩子對媽媽講的話言聽必從，但只要是爸爸說的話，就特別不聽。不只當耳邊風，甚至還會出現為了反對而反對的狀況，因此也容易造成許多親子衝突。

為什麼孩子在面對不同人時，態度會差這麼多？原因可能來自於以下兩種情況：

1. 大人的規則不夠明確

2. 因為權力結構的影響

在大人規則不夠明確的情境裡，主要的原因就是大人對於討論好的規則反反覆覆。比如明明規定好晚上九點就必須上床入睡，今天有嚴格執行，明天卻因為自己也還不想睡就一再地延後。

這樣一下跟孩子說可以，一下子不行的作法，久而久之，孩子也不知道該不該遵守規則。

此外，這類型大人與孩子的互動模式，很容易陷入孩子大哭大鬧，大人就會因此改變規則：「好啦好啦！給你，你不要尖叫了好嗎？」

時間久了，孩子也會知道這位大人沒有所謂的規則或規範，因而出現大家常說的「吃定大人、試探大人底線」的

情況。孩子會預期反正我怎樣都可以，大人的話也就不具任何約束效力。

很明顯地，這種情況的改善方法，就是試著將孩子與自己的互動中，建立一些規則或規範。至於具體而言可以怎麼做呢？

1 準備期	2 預備進入事件
制定規則	**預告規則**
1. 溝通制定規則的原因：行為會影響到別人 2. 溝通破壞規則的影響：影響別人→影響自己 3. 制定規則時，要考慮孩子的能力	我們說好的規則是…

3 事件中	4 事件後
執行規則	**修正行為**
1. 以規則做為提醒方式：避免引發羞愧感 2. 承擔破壞規則的影響：前面影響自己的部分 3. 執行時，記得同理，且沒制定的規則就不需要堅持	1. 釐清問題，而非強調對錯：要解決的是… 2. 以互惠原則提出解決方法：沒有一方特別委屈

引導方式

準備期：在事件發生前與孩子討論規則

規則的制定有兩大原則。

第一，規則的建立，是為了讓孩子在道德基礎下修正行為，而非讓孩子產生羞愧感。因此與孩子討論為什麼會針對行為建立規則就很重要了（此部分可以參考前面說過的罪惡感 P077）

第二，規則除了要「明確」之外，也要考慮孩子的能力。比如要求一位四歲的孩子「自己的房間要自己整理」，不僅目標抽象，孩子也會無所適從，倒不如將規則改成「每天晚上要把包包放在固定的位置」、或是「睡覺前要將玩具放在籃子裡」等。

預備進入事件：預告規則

孩子的大腦還沒成熟，因此在沒有預先準備的情況下，他們很難在事件發生當下就做出自我控制或調節。

因此這時候預告規則就很重要，因為預告會幫助他們預期接下來會有什麼情況會發生，以及該往什麼方向調節，而不是猝不及防。

事件中：沒講的規則，不要跟孩子堅持

許多家長會過猶不及，而在情境中不斷地制定各種規

則，然後無止盡與孩子堅持。

注意，不斷地制定各種新的規則，只會讓孩子覺得「一切都是大人說的算」，因此要不只能選擇當下忍耐，要不放棄與大人溝通。如此不僅容易磨滅孩子的動機、還會讓孩子失去對大人的信任，得不償失。

事件後：在不影響規則的情況下，提供解決方法

溫柔的堅持不是唯一的道路。

事實上，試著在不違背規則的情況下，提出解決方法，才是引導孩子下次學會如何面對碰撞的開始。

解決方法可以怎麼引導呢？大家不妨從「給選擇權、以及提出替代方案」中，試著引導孩子。

假設規則是：「當我們預告再玩最後一次溜滑梯後，就要回家。」

預告規則後，孩子仍吵著要玩，你可以給選擇權：「我們有講好規則喔，所以你現在如果破壞規則的話，明天我們就不能來玩，或者，你可以選擇現在一起回家，明天還可以繼續來玩。」

也可以提出替代方案：「現在不能玩溜滑梯，但你在家等媽媽煮飯的時候，可以玩你最喜歡的變形金剛喔！」

WANTED

D. 權力結構

「誰是老大，我就聽誰的」的牆頭草！

原因：權力結構
懸賞注意：
1. 不需要特別改變權力結構
2. 找出適合的互動方式

權力結構是什麼呢？講白一點，就是家裡誰是老大，就聽誰的話。

　　你也許會說，家裡其實也沒有人特別權威呀！也沒有特別強調誰的話一定要聽，為什麼還會有這樣的問題呢？

　　其實人類天生就是「社交動物」，因此對於權力階層，本來就有相對的敏感度。孩子就在觀察家庭成員的互動中，慢慢地感受到似乎誰是決定事情的主要角色，而誰又是比較屬於被動接收決定的人。

　　至於誰決定，誰被動接受呢？許多時候，就來自於人格特質的影響。

　　比如有些爸爸，特質上就喜歡跟孩子打成一片，而與孩子有許多小秘密，或一起的冒險旅程，這類型的爸爸就更像孩子的朋友，而不是制定規則的人。

引導方式

家長要做的，是先正視自己權力階層的影響：比如與孩子像朋友，好處是孩子更會相信你、並喜歡與你膩在一起；但朋友的權力階層沒有誰高誰低，因此如果要「叫」孩子做事，孩子就會不動如山。

此時可以不用重新建立權力關係，而是試著將與孩子互動的方法，調整成適合你們關係的狀態。

比如與其跟孩子說「你要做○○○」，倒不如換成「我們一起做○○○吧！」效果可能更好！

WANTED

E. 過去的負面經驗

一聽到要做事就崩潰的定時炸彈

原因：過去負面經驗

懸賞注意：

1. 避免型策略
   （1）從「完成了什麼」開始
   （2）到讓孩子「自己發現錯誤」
   （3）避免「下次犯錯」
2. 處理型策略
   （1）從「無條件接納」開始
   （2）同理孩子，增加「信任感」
   （3）增加「選擇權」與「外在動機」

最後，孩子的毫無動機，並不是針對任何人或特定情境，而是針對特定事件時，該怎麼辦呢？

孩子會對特定事件如此排斥，最有可能的原因就來自於孩子在做這件事時，曾有過負面經驗。

比如許多家長容易求好心切，因此在孩子達不到目標時，講出許多氣話：

「你怎麼這麼笨啊！這麼簡單你都不會！」

或者在孩子達不到要求時，就不斷地要求孩子重做：
「你態度怎麼這麼隨便！再去拖一次地！」

這些氣話或要求不僅沒有激勵孩子，還會讓孩子覺得自己很糟糕、很不好，因而產生羞愧的情緒。

羞愧是一種非常負面的情緒感受，因此當有社會評價讓我們經歷這種情緒時，我們就會本能的選擇逃跑、啟動防衛機轉或反擊，演變成每次要做事時就選擇不寫不做。

孩子也有可能出現動作上或言語上的反擊。不管是哪一種，都會是親子衝突進一步擴大的引爆點。

如果孩子處在這樣的狀態中時，我們該如何解決呢？我想將以下的討論，先分成「避免」以及「處理」兩個方向。

前者是如何避免讓孩子經歷失去動機的負面經驗，後者，則是不小心造成如是狀態時，我們該怎麼做。

引導方式

（一）避免型策略

孩子與我們本來就是不同的個體，因此會有自己的想法，更不用說有許多能力都還在發展中。

而不管能力或想法上的不同，孩子出現與我們預期不同的表現，就會是非常正常且一定會發生的狀況。

當這些「預期落差」發生時，就是考驗我們大人如何面對自己的期待落空、或失望情緒的時候了。如果我們只是做出「講氣話」、或「羞辱」孩子等單方面情緒發洩的行為，那麼，我們只是在解決自己的情緒而已，實際上對孩子的改進並無任何幫助。

此外，許多家長也不是真的想讓孩子覺得自己很不好，但就是不知道該如何拿捏「希望修正錯誤」跟「避免羞辱」中間的尺，因而出現許多無心、但確確實實的負面經驗。

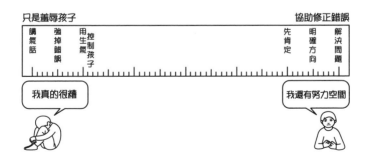

此時我們該做的，是：

◆ **告訴孩子，他（她）完成了什麼事**

孩子與大人不一樣，很容易陷入「一個不好就覺得全部不好」「一個錯就是全部都錯」的極端狀態。因此即使大人只是提醒孩子哪邊做得不好，孩子實際上的感受就是「被全盤否定」「我真的很糟」「一無是處」。

要避免這樣的狀況出現，先告訴他「你已經完成了○○○」，就可以讓孩子知道其實我也有完成一些事情，只是有其他的提醒，而我只要把被提醒的部分修正就可以了。

◆ **讓孩子學習發現自己可修正的地方**

孩子對事件的理解以及許多行為上的標準都還在建立中，所以許多時候即使事情已經發生了，但孩子也不覺得有做錯或做不好。

此時，過於直接的提醒，就有可能造成反效果，導致情況更難解決。

因此，與其直接點出錯誤，倒不如改變一下詢問的方式，讓孩子先試著檢視自己的行為或成果，反而能讓孩子在自我察覺當中，學著評估需要修正的地方在哪裡。

◆ 與其將焦點放在讓孩子「承認」錯誤，
不如引導他「修正」問題

許多家長會過於將焦點放在讓孩子承認這次的錯誤上，比如說當孩子說我沒有時，就一定要孩子承認錯誤，或自己做得不好，但難免會陷入秋後算帳，或孩子覺得家長總是在挑自己的毛病的循環中。

就像前面說的，即使最後用打罵的方式讓孩子承認錯誤，孩子學到的也不是如何解決問題，反而是如果做錯了，那我要怎麼避免讓家長發現，才不會又被罵。

因此，這時我們應將焦點放在與孩子討論如何解決這次的問題，孩子才有機會學到「如何修正錯誤」，而不是「如何避免錯誤被發現」。

（二）處理型策略

當孩子做事的動機，已經被我們過去的教養方式影響時，我們該怎麼做呢？

◆ 找出一件事情，讓孩子覺得被無條件接納

如果孩子已經預期每次做完事情時，總是會被我們「挑出錯誤」「指責」，他們也會有一些習得無助的感覺：「反正我每次做完事情，你總是會罵我，那我也不想做了！」

此時，我們可以先找出一件事，讓孩子覺得被無條件接

納。這件事最好是之前沒做過（沒有負面經驗連結），並且在過程中可以有些互動的。比如一起煮飯、畫畫、或完成勞作作品都很好。

在過程中，可以告訴孩子在哪些環節可以自由創作，哪些環節可以可能要遵守規則。比如做餅乾，糖、與麵粉的比例要對，但至於做出怎樣的形狀，想用什麼方式呈現，就是讓孩子自由發揮的時刻。

最後，讓孩子享受成果，比如將自己創作的餅乾分享給家人吃等。如此，孩子在過程中就會感覺到：「啊！原來我也可以自由發揮，大人也會接受！」

「無條件被接納」的感覺會讓親子關係慢慢朝向下一步。大人也可以試著在過程中調整心態，「不是每一件事，都有所謂的標準答案」，有時候稍微偏離自己「期待的、設定好的」軌道其實也無妨，還可能會讓生活更多采多姿，不是嗎？

◆ 請多跟孩子說：「我沒有要罵你，也不會生氣，我們一起來想方法解決。」

當與孩子討論事情，孩子卻選擇安靜不說話時，其實是他們開始不信任大人的表徵。此時，請試著先說出：「我沒有要罵你，也不會生氣，我們一起來想方法解決吧！」這句話，就能讓孩子知道「原來你是站在我這邊」的，重新建立信任感。

過程中，要減少講出「我是為你好」「學到就是你的」。

這些話不但沒有讓孩子覺得你站在他那邊，反而會將孩子越推越遠，「我們」「一起」等拉近關係的話語，才是緩解的關鍵！

◆ 要提升孩子「行爲事件」的動機，
　初期可以給一些外在回饋

當執行上述兩點一段時間後，就可以慢慢的針對「目標事件」來解決了！

至於選擇介入的時間點，大家可以觀察看看，當孩子比以往願意和你溝通、或溝通時間縮短的時候，就是介入的好時機！

此外，我們可以與孩子討論，當完成事情之後，可以獲得哪些「外在回饋」！因為有些事情，真的需要回饋！

想想，如果老闆說你這個月工作很認真！而且你自己也很有成就感，但沒有薪水給你，你願意嗎？我想當然是不願意的。

但要注意的是，「行為」類事件初期給一些外在回饋沒關係，但「學習」類事件就相當不建議！

至於如何給？給多少？可以參考後面的章節做調整！

（P147）

🏛 學習類事件：無學習動機型

　　學習，意味著我們使用以往不會的方法，來改變我們行為，最終達到「認知」或「行為」的改變。

　　不管學習歷程靠得是嘗試錯誤、經驗連結，還是社會模仿。只要有學到東西，大腦就會「自動增強」這樣的行為，讓學習再次的發生。因為我們在學習中的探索，無形中就會增加我們的生存機會。

　　孩子也是如此。他們可能在每次讓玩具車從桌上滑下去的過程中，學到了越重的東西掉得越快；也在每次爬高爬低的過程中，學到了自己身體運用的方式。

　　這些其實都不用大人教，他們自己就在主動地探索環境中，獲得了這些知識，以及成就了「認知」或「行為」上的改變。

　　但我們在生活中，的確會遇到孩子一開始就對學習沒興趣的狀態。這時你可能會想：「咦！不是說學習是先天驅力嗎？怎麼孩子一開始就不想學了呢？是孩子太不上進了嗎？」

WANTED

F. 缺乏學習動機

「學習是什麼？可以吃嗎？」的佛系孩子

原因：毫無學習動機

懸賞注意：

1.「學習」是不是變成了「行為」？

2. 是否有給孩子確切目標？

3. 利用社會參照的力量。

如果在引導孩子於某些學習類的事件上遇到如是的狀況，這不代表孩子不上進，可能是受到下面狀況的影響：

引導方式

（一）選錯引導方式，讓「學習」變成「行為」

◆ 如何區分「學習」及「行為」？

行為：步驟重複性高、且大多是機械性步驟、並缺乏探索、關卡。

學習：具有可探索性、且會有關卡，因此會知道關卡的「目標」、以及獲得克服關卡的「成就感」。

比如以「學習生字」當作例子，目標是認字，以及可以寫出生字

◆ 行為式引導：讓「學習」事件變成「行為」事件，因此喪失學習動機

藉由不斷地抄寫生字，一個抄十遍，如果記不起來，再繼續抄。

◆ 學習式引導：保有學習動機

1.讓學習生字有探索性：藉由部首、部件的拆解介

紹，讓孩子了解不同的部首的含義，就更能在腦中形成國字「形、音、義」的印象。

2．讓學習生字可以克服困難：藉由安排書單讓孩子知道學會更多字，可以讓孩子挑戰閱讀難度更高的書籍（如沒有注音、文字量變多等）。

（二）多利用社會參照的功能

◆ 什麼是「社會參照」？

所謂的社會參照，是我們藉由看別人做事情時的狀態，而習得這件事情可能對我們的影響。

比如我們看到其他人因為幫助別人，而得到謝謝或感激的開心情緒，能夠知道幫助別人是一件開心的事。

◆ 操作流程

制定目標：比如建立閱讀習慣

實際執行：每天挑一個閱讀時間，孩子與家長各自選擇喜歡看的書，並在看完之後，彼此分享今天看的內容。由於都是看自己喜歡的書，所以分享時也能開心地將喜歡的內容與對方討論。

過程中，孩子藉由「看到大人對於閱讀這件事的反應」，參照了閱讀所帶來的正向情緒的連結。

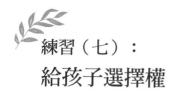

練習（七）：
給孩子選擇權

對任何動機類型的孩子來說，這個練習都有其必要。

原因除了前面提過很多次的，給出選擇權會讓孩子有「我」參與的感覺之外，還有另外一件很重要的事：家長其實也在這個練習過程中，學會慢慢地放手。

放手講起來簡單，但真的也是需要練習的。我們從孩子什麼事都不會，引導他該怎麼做開始，就已經很習慣孩子黏著我們、依賴著我們，而當孩子開始進步了、成長了，不再需要我們的時候，我們除了為了孩子的獨立而感到開心，但也換來相當程度的失落。

「以前不是常常黏著我們嗎？」

「不是說遇到困難，都可以回來找我們嗎？」

「孩子是不是不再需要我們了？」

但不論如何，既然孩子獨立是一定是會發生的事，那麼，我們也有必要練習。這除了能夠幫助自己準備好之外，孩子也才能在我們放手後，展現真正的獨立。

不過，選擇權該如何給呢？讓我們一步一步來：

---

1. 請大家先選擇一件最近要求孩子做，
但他做得心不甘情不願，或有情緒的事件。

↓

---

2. 試著將這件事的完成，制定成一個「具體」的目標。

比如「希望完成打掃房間」就不是一個具體的目標，因為孩子也不知道該「做到」什麼；若將目標改成「掃地一遍、拖地一遍，打掃房間就完成了。」那目標就會明確得多。

如果大家還是覺得很難改得具體的話，可以把握「定量」這個原則喔！譬如講清楚做幾次、什麼時間內、成品的多寡等。

↓

---

3. 第一階段：用二選一選項給出選擇。

試著與孩子溝通時，在不妨礙目標的情況下，給出兩個選項。比如前面提到的打掃房間，我們就可以將目標包裝成：

「今天你要掃地一次，拖地一次，才算有打掃房間。

那你要一邊聽巧虎一邊打掃房間；還是要聽有聲書？」

「你要先打掃房間再看電視，還是先看電視再打掃房間？你自己選。」

「你打掃房間的時候，希望一邊打掃，爸爸媽媽一邊檢查；還是你全部做完我再來檢查？你自己選。」

　　第一階段先用選項的原因，除了能夠既給出選擇權，又不會妨礙目標之外，也在於孩子許多時候也不知道自己「想」或「可以」選擇什麼，因此先用給出選項的方式。

　　也請大家想出三種給出選項的方式，填在後面的表格，就可以當作第一階段引導的語句與方法！

↓

4. 第二階段：開放選項的調整。

　　等到孩子不會排斥選擇後，就可以試著開放選項的調整，比如：

「你今天想聽什麼音樂？你可以自己選。」

「你可以自己選擇用什麼方式拖地，你想用抹布、拖把還是其他的？」

　　每次都變化一種選項也可以，只是如果孩子選擇的選

項會影響到目標，那就要提醒孩子囉！

↓

5. 第三階段：在不影響目標下，加上孩子自己喜歡的條件。

接著，隨著孩子做這件事的經驗越多，就會越了解這件事，也有許多自己才知道的訣竅或完成事件的預期等。

當孩子越來越拿手後，就可以開始讓孩子規畫「加上他喜歡的條件」了。比如讓孩子自己決定喜歡做家事的時間、喜歡做家事的流程、喜歡怎麼分配工作等。

↓

6. 第四階段：讓孩子自己制定目標。

讓孩子自己計畫目標，以及如何達到目標。

通常孩子在經過前面的練習後，會比較清楚的知道大人的要求為何，以及自己在這件事上該符合什麼期待。

這時候的表現可以多加上是孩子自己想要、自己控制的層面，我們也可以試著慢慢地放手，讓孩子依自己的規畫進行。

接下來，就讓我們來演練一下吧！

事件	
具體 目標	

給出 選擇	1. 你要選＿＿＿＿＿＿＿＿，還是要＿＿＿＿＿？ 2. 你要選＿＿＿＿＿＿＿＿，還是要＿＿＿＿＿？ 3. 你要選＿＿＿＿＿＿＿＿，還是要＿＿＿＿＿？	
開啟 選項	有什麼可以開放的選項？ ＿＿＿＿＿＿＿＿＿＿＿＿＿＿＿＿＿＿＿＿＿＿＿。	
自選 條件	孩子喜歡的條件： 1. ＿＿＿＿＿＿＿＿＿。 2. ＿＿＿＿＿＿＿＿＿。 3. ＿＿＿＿＿＿＿＿＿。	
自訂 目標	孩子想要達到的目標： ＿＿＿＿＿＿＿＿＿。	要完成這個目標，有 哪三種方法可以用： 1. ＿＿＿＿＿＿＿。 2. ＿＿＿＿＿＿＿。 3. ＿＿＿＿＿＿＿。

2-7 自我動機系統： 如何讓孩子自動自發？

🏛 將外在動機轉化為內在動機

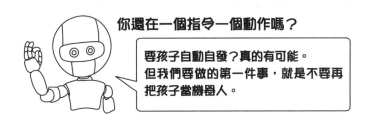

你還在一個指令一個動作嗎？

要孩子自動自發？真的有可能。
但我們要做的第一件事，就是不要再
把孩子當機器人。

「老師！孩子拖拖拉拉怎麼辦？！」

「為什麼每一次都要我提醒才會去做？不知道講過幾
百次了！」

「孩子到底要怎樣才會自動自發？」

　　每次只要一聊到上述的話題，我一定會先安慰爸爸媽
媽，放心，不是只有你們家孩子會這樣，這大概是大多數家
庭的生活裡，最常出現的困擾。

　　我們不可能藉由說一句提醒的話，孩子就神奇地做自
己該做的事，其中需要許許多多的努力與調整。但大家也不
用擔心，這些調整是有方向的。

我們前面大多數的討論，是基於「如何讓孩子有開始做事的動機」，也就是從「啟動孩子願意做事的開關」開始。

　　而這裡會接著討論，如果孩子處在事情還是會做，但總是要大人提醒、或威脅利誘才願意做的狀態，我們可以怎麼引導喔！至於適用的類型，就是前面所說**「在行為類事件類型上，仰賴外在回饋做事的孩子」**。

　　對於處在仰賴外在回饋、趨賞避罰狀態的孩子來說，「你有說，我才做；你不說，我就不做」是最適合他們的描述。但這也不怪孩子，其實我們大多數的人對於行為事件的心理，都是處在這個狀態中的。

　　我們的大腦不會主動對「做事情」有所增強及回饋，我們會開始做「行為類事情」，都是因為後面有獎賞或為了避免處罰，我們才開始對這類事件進行價值排序。

　　在這個不斷地對事件做價值排序的過程中，我們做事的動機才慢慢變得更多樣化。

　　比如你一開始願意工作，可能是因為需要錢，因此才在薪水這項明顯的「外在回饋」下，開始在工作中付出。但漸漸地，我們發現可以在工作中解決問題、克服困難，「成就感」也因此變成了工作的動力之一。

　　或者當你發現沒有將自己的部分負責好，會使得同部門的同事受影響，你會開始避免不必要的請假，或者將自己

的部分完成好再出遊，這時的工作動機就來自於責任感。

這種種動機因素，有些來自於外在（金錢、老闆的稱讚），有些來自於內在（成就感、責任感），才逐漸結合成為我們願意工作的動力。

引導孩子的過程中也是，雖然一開始只是基於結果，孩子才願意做事，但隨著我們的引導，孩子即有可能在不同的燃料驅動下，開始出現「外在動機」增強以外的動力，甚至願意主動完成事情。

回到前面的動機議題，當我們想讓孩子主動完成事情時，無非就是想讓孩子在「外在動機」驅使下，漸漸地轉化到「內在動機」──因為「是我自己」想做！而心理學家 Edward Deci 和 Richard Ryan 也將這樣的過程，整理成「自我決定理論」（self-determination Theory）。

所謂的自我決定理論，指的當我們在做事情時，越是自己想要做、自己願意做的，那我們做事的動力就會越高，且我們在過程中就會越開心。

當然，光是這樣說，你可能會覺得是一段廢話，但我們的確在教養的過程中，容易忽略顧及到這個部分。

每當有家長問我為何孩子總是沒有責任感、對自己該做的事情毋要毋緊時，我都會反問一個問題：

「那他平常對於自己該做的事情，會有能夠自己決定的部分或選擇權嗎？」

　　而得到的答案，通常是：

「就是孩子該做的事情呀！他要有什麼可以自己決定的部分？」

　　試問，雖然我們覺得是孩子該做的事，但在他眼裡，這些事都還是被大人要求才做。而既然是別人的要求，那孩子又怎麼會想對事情負責呢？
　　因此，我們接下來就會藉由「自我決定理論」裡動機狀態的改變，來看看我們怎麼引導孩子從靠著結果驅使的「外在動機」，轉換成自己想做的「內在動機」。而動機狀態的改變可以簡單分成以下四個階段：

只依賴外在的獎賞或避免處罰
才做事，且對事情沒有勝任感。

開始察覺事情是「自己」完成。
因此會在意是否有成功完成，
以及完成的好壞。

在任務中，開始出現自我認同
的目標。

完成任務是為了讓自己開心，
以及在做事時覺得很滿足。

🏛 外律→內攝自律

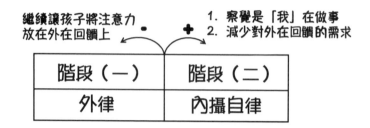

一開始，孩子一定要在事件中有「自我察覺」，才會慢慢的將注意力從原本對外在回饋的追求，放到「是自己在做事情」上面。

這樣講或許有點抽象，但大家不妨想想孩子在不同動機狀態中的樣子。比如當孩子還在追求回饋時，一旦事情做完，他們就只想要趕快看電視，或趕快吃到麥當勞。

而當孩子開始從「外律」轉變成「內攝自律」時，他們就會開始察覺到「是自己在做」，而不只有外在回饋。

孩子會開始在意「自己」做得好不好，並會開始擔心結果成功與否，或進行社交回饋的確認（問你他做得好不好）。

此時引導的重點，就是讓孩子減少對外在回饋的需求，孩子就越有機會從「外律」轉變成「內攝自律」，**動機也會開始從在意外在回饋，轉換成對自己的注意。**

不過，難也難在許多孩子就會在這個階段卡關很久。

一旦沒有外在回饋了，他們就會不想做事、或做事的動機變得低落。此時，該如何引導孩子減少外在回饋並將注意力拉回自己身上呢？以下幾個小訣竅跟大家分享：

1. 給外在回饋前，先稱讚孩子「已經完成的部分」

行為類事件的本質是趨賞避罰，也因此許多孩子才會一定要有電視才做功課、一定要有麥當勞才願意做家事。

但就像我們前面說的，如果我們「只有」提供外在回饋，那一旦沒有麥當勞或電視，孩子就不願意做事，或者在做事之前容易出現討價還價的行為。

最重要的是，孩子永遠也不會把這類的事情，當作「自己」的來做，因此家長永遠也等不到孩子自動自發那天。

如果要讓孩子能夠進入下一階段，當我們給予外在回饋前，一定要加上讓孩子將一部分的注意力放回自己身上的引導，**比如稱讚孩子「已經完成的部分」。**

> 「你已經將客廳全部拖地拖完一遍了，很棒耶！」
> 「你的衣服都有自己收起來，都不需要我幫忙，真的很棒！」

如此，孩子的注意力就會被導向到「自己」有完成的部分，而不是全部都放在能夠得到外在回饋上面，在行為事

件中的自我覺察，也才會慢慢地展現出來。

2. 詢問孩子自己覺得哪邊做得很棒

　　而除了稱讚已經完成的部分之外，四歲以上的孩子，其實就可以開始引導他們想想**自己哪邊做得很棒**。

　　會這樣建議的原因，是可以更進一步地**將「自己」與「所做的事情」形成連結，而當孩子越習慣將「自己」與「事件」之間形成連結，「自我」投入事件中的成分就越高。**

　　不過要注意的地方是，孩子一開始可能還沒有能力自己想出哪邊表現很好，此時，適當的提示孩子，或先將我們觀察到的跟他分享，是沒問題的呦！

3. 將完成的事情，與角色連結在一起

　　此外，試著將孩子所做的行為，與「特定的角色」連結在一起，孩子也越容易將對角色的投射，放在自我上面。比如說：

　　「你自己收玩具，都不用我幫忙！真是大哥哥了！」
　　「你自己把聯絡簿拿給我簽名，都不用我提醒，果然是二年級的大姊姊了！」
　　「你幫忙擺了碗筷，真是爸媽的小幫手！」

這些對角色的投射，也讓孩子對於自己能夠做到什麼事情越來越清楚，也越能建立孩子「自我」做事情的動機。

不過一定一定要注意，**不要將角色講在前面，效果會完全相反**！比如與孩子說：

「你是大哥哥了，要自己收玩具！」
「你是大姊姊了，大姊姊就要幫忙拖地。」

此時不但沒有幫孩子建立角色，反而將孩子推向「角色刻版印象」當中，不僅會增加孩子焦慮的風險：「我是大哥哥了，可是我沒有自己收玩具，怎麼辦？」對增加孩子的動機也毫無幫助。

想想，如果孩子對你說：「你是媽媽，就該煮飯給我們吃！」你會有何感想？

4. 將要做的事情變成標準化流程

利用上面三個技巧來處理行為動機，雖然有其必要性，但通常也需花較久的時間。而要縮短上述過程，將要做的事情建立成「標準化流程」，也就是我們俗稱的 SOP，會是一個不錯的方法呦！

怎麼做呢？以「回家之後要做的事」為例，有以下幾點建議：

（1）SOP的步驟先以不超過三個步驟為主，太多孩子
　　可能會記不住

比如回家後的SOP：一、要將鞋子放進鞋櫃；二、要
將餐盒放到洗手槽；三、將書包裡的聯絡本拿出來。

（2）建立SOP初期，父母一定要跟著做一樣的事

原因是在幼童的世界裡，父母就是他們的「社會標
準」，我們做什麼，孩子就會跟著做什麼。這點也是許多家
長會容易漏掉，導致標準化流程較難成功的原因。

（3）將步驟圖像化或做成大字報，有助於SOP的建立

比如在鞋櫃貼回家三步驟的圖片等。

當孩子越來越能夠察覺是「自己」在做事，就會將一
部分的注意力，放在「自己」的表現上。

此時，孩子可能會出現類似確認事情是否有做好的舉
動（比如詢問家長自己的表現），或者家長可以觀察到當事
情做得好與不好時，孩子會比以往在意（出現懊惱、焦慮、
或試圖改正等），以及孩子不會這麼強調做完事一定要有獎
賞。

當孩子出現上述這些行為表現時，恭喜您，您的孩子
已經往下一個階段邁進了！

🏯 內攝自律→認同自律

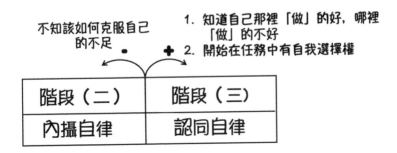

在「內攝自律」與「認同自律」中搖擺的孩子，會開始在意自己的表現，因此會希望家長對於做的好與不好給予回饋。

當孩子不知道怎麼補足自己不好的地方時，就會停留在內攝自律期；反之，當他們明確知道自己哪邊做得不好，而且知道用什麼方法可以補足不足時，他們就會慢慢地往認同自律期移動。

在認同自律期的孩子，除了不需要太多家長提醒之外，也會開始在任務中，有更多自我認同的目標。

比如以往只是因為爸媽要我收玩具我才收，現在會覺得「收玩具，玩具才不會不見！」

這些自我認同的目標，不是家長講著講著孩子就會相信，或者講多了他們就會照做，而是要靠許多實際的引導才能夠做到。至於這些引導為何呢？請參考以下的小訣竅！

1. 從與孩子討論任務目標開始

當孩子開始會在意自己的表現時,他們大多數對於自己表現的好壞,其實都還是很迷惘的,因此也不知道自己到底哪邊做得好,哪邊做得不好。

此時與其等事情完成後才與孩子討論哪邊需要修正,**不如在任務開始之前,就先與孩子討論目標在哪。切記,一定要有與孩子討論的過程,否則又會變成大人的目標,而不是孩子喔!**

討論的過程也很簡單,重點不是孩子能不能夠自己想出目標,而是有沒有詢問:「你覺得今天做家事的目標是什麼呢?」以及最後確認:「那我們今天的目標就是桌子底下也都要拖到,你覺得如何?」

像這樣在「共同確定」之下,所建立「明確的標準」,就可以讓孩子知道「完成到什麼部分」就是做得很好。

比如「在 30 分鐘之內完成家事」,就比「有效率的完成家事」來得明確;「玩具都有放進玩具箱」,就比「玩具要收好」來得更知道要怎麼遵守,也可以讓孩子更明確知道自己還有什麼需要改進。

2. 事情做完後,針對目標討論「還有哪邊可以改進呢?」

等到事情做完了,就可以利用所訂定的目標進行討論,

而與第三點並行：「知道自己哪邊可以改進」，以及「怎麼改進」。

3. 針對要改進的部分，提供策略或一起討論方法

到此，其實我們要增強的，就是所謂的「自我效能感」：**讓孩子清楚地知道他的能力可以做到以及控制什麼。**而孩子會在這樣的練習中，對於自己正在做的事情越發肯定。

不過，大多數的孩子遇到的瓶頸，並不是在目標訂定或檢討的部分，而是在「想出解決方法」此一關卡中。

而協助孩子想出解決方法的部分，就讓我們會留到下一章再做更詳細的說明！（P168）

4. 暴露在任務中，有更多可以自我選擇的選項

在活動開始前，除了與孩子討論目標之外，暴露孩子能夠自我選擇的選項，也能夠幫助孩子加速進入下一階段！

不過自我選擇的選項，可能就要與上一章「二選一」的選擇有所不同，需要開放更多選擇權讓孩子自己選擇。

比如做家事，小到想選什麼拖把、拖幾次完成；大到怎麼分配工作、完成什麼區塊，都是可以提供討論的選項。

如此，孩子在肯定「自己」完成事情的能力，以及知道「自己」能夠達到某些成就及結果後，就會逐漸由「是大人要求我做事」，轉變成「設定的目標或任務，我知道我可

以做得到」，以及在任務中找到自己認同的目標。

　　慢慢地，由於孩子對於要做的事情，會更有認同感，因此「是我自己想做」的成分也會更多些。

　　最後，在孩子往後的人生，他將不斷地碰到並不是自己想做，但卻又需要做的事情。當這些時刻出現時，我們也不可能隨時在孩子身邊提醒他。

　　而我們前面的努力，能讓「自動自發」不只是幻想或夢想，而是與孩子一起努力過才會有的財富。當我們只用打罵或外在獎賞激勵孩子時，這個目標就離我們、也離孩子越來越遠。讓孩子能夠「自我決定」，才會是引導孩子的關鍵喔！

　　接著，讓我們再利用下面的練習，進一步了解該如何引導孩子！

練習（八）：
從外在動機驅使，轉換成內在動機

建議年齡：四歲↑可

事件：收玩具

起始狀態：孩子收玩具，只是怕大人生氣。（通常就是等到大人生氣才收玩具）

【階段一】從外律到內攝自律

即使是因為大人生氣才收玩具，收完玩具後，一樣可以根據下面流程稱讚孩子：

1.給予外在獎賞稱讚前，先孩子已經完成的部分

「你玩具都有自己收進玩具箱裡面耶！好棒！那我們等一下就可以來唸故事了！」

2. 詢問孩子自己覺得哪邊做得很棒

「不過在唸故事之前，你覺得除了你有收玩具很棒之外，還覺得自己哪邊做得很好呢？」

許多家長看到這邊可能會想問，不過就是收個玩具而已，還有哪邊可以看得出來做得很棒？！
一定有的！而且，找出孩子做的很好的部分，並加以鼓勵，真的就是家長可以做到的部分喔！
比平常收得快、沒有很大力地摔玩具、收玩具前會跟弟弟妹妹分工、玩具有分類、小火車有回到它的家、收完玩具有來找爸爸媽媽檢查等，只要孩子有做到，都是可以大力稱讚的部分喔！

3. 將完成的事情，與角色連結在一起

「你今天收玩具都很溫柔，我都沒有聽到你亂丟玩具耶！真的有長大，現在是會愛惜玩具的姊姊了呦！」

4. 將要做的事流程標準化

「那我們一起來看一下我們該做的事情，第一，爸爸媽媽提醒後再玩三次，就要開始收玩具。第二，收完玩具。這兩點你已經做到囉！接下來，第三，去洗澡。走！我們一起選今天要用什麼味道的沐浴乳！」

【階段二】從內攝自律到認同自律

你覺得我有認真嗎？
地有沒有變乾淨？

當上述的引導重覆幾次之後，孩子會開始出現「詢問自己收玩具有沒有收好？」或是或減少大人生氣才收玩具的頻率，那我們就可以開始準備進入下一階段的引導囉！

1. 從與孩子討論任務目標開始

「你覺得我們今天收玩具可以有什麼目標？」

不管是在多長時間內完成？玩具要怎麼分類？等都可以。

2. 事情做完後，針對目標進行討論

- 目標達成：稱讚及鼓勵，如果有機會，還可以討論是用什麼方式做到的。比如說，因為沒有跟妹妹搶玩具，所以收玩具有在時間內完成。

- 目標未達成：先跟孩子說爸爸媽媽不會生氣，但我們要一起討論有什麼方法可以完成目標。

3. 針對要改進的部分，提供策略或一起討論方法

「今天沒有在時間內完成沒關係，我們可以試試看下次要玩之前，先找一塊墊子，在墊子上面玩。這樣等你要收玩具的時候，只要把墊子合起來就收好啦！」

4. 暴露任務中，更多可以自我選擇的選項

「你想要把玩具收進哪個箱子呢？」

「你想要先收哪個玩具呢？」

【階段三】從認同自律到統整自律

這裡要特別說明一下，雖然理論中有提到下一階段——「統整自律」，但就實際面而言，孩子能夠自動洗澡、做家事、收拾衣物、洗碗等已經很不容易了，我們也沒有必要讓孩子「喜歡上」每一件事，所以就不再往下延伸討論了。

此外，當我們能引導孩子在事件當中找到自己的目標時，我想，我們能與孩子一起收穫的事情，不是喜歡上做家事，而是他知道該怎麼找到自我激勵的燃料！

實際演練一次吧！

1. 事件：＿＿＿＿＿＿＿＿＿＿＿＿＿＿＿＿＿＿＿。

2. 起始狀態：＿＿＿＿＿＿＿＿＿＿＿＿＿＿＿＿＿。

3. 引導【階段一】

　（1）給予外在獎賞前，先稱讚孩子已經完成的部分：＿＿＿

　＿＿＿＿＿＿＿＿＿＿＿＿＿＿＿＿＿＿＿＿＿＿＿。

　（2）詢問孩子哪邊做得很棒：＿＿＿＿＿＿＿＿＿＿＿。

　（3）將完成的事情，與角色連在一起：＿＿＿＿＿＿＿。

　（4）把要做的事情變成標準流程：＿＿＿＿＿＿＿＿。

4. 重覆上面的步驟，等到孩子出現以下的狀態後，就可以進

　　入下一階段了：

　　□ 會主動詢問自己事情有沒有做好？

　　□ 減少大人生氣才收玩具的頻率

　　□ 完成事情時，不再強調自己沒有得到外在回饋

5. 引導【階段二】

　（1）與孩子討論目標：＿＿＿＿＿＿＿＿＿＿＿＿＿。

　（2）事情做完後，針對目標做討論：＿＿＿＿＿＿＿。

　（3）針對要改進的部分，提供策略或一起討論方法：＿＿＿

　＿＿＿＿＿＿＿＿＿＿＿＿＿＿＿＿＿＿＿＿＿＿＿。

　（4）暴露任務中，更多可以自我選擇的選項：＿＿＿＿＿

　＿＿＿＿＿＿＿＿＿＿＿＿＿＿＿＿＿＿＿＿＿＿＿。

2-8 自我動機系統：
孩子失去學習熱忱怎麼辦？

🏠 他說想學，我才讓他學的啊！

一位家長的困擾...

孩子說他不想上才藝課，就讓他不上嗎？

不行　就該跟他堅持 → 可是　他也沒心要學

好　就不上了 → 但　他會不會就開始學會放棄？

　　即使沒有大人的引導及鼓勵，孩子也容易被新奇的東西吸引，而「主動地」想要進一步探索，或用不同的方式「玩玩看」新的事物，但也因此造成許多家長的抱怨：

　　「老師，鋼琴明明也是他說要學的，我們也沒逼他，但學了幾堂之後，又跟我說不想學了。孩子嘛，三分鐘熱度、或有些三心二意很正常，我也可以理解。但我該不該繼續跟他堅持呢？

　　我擔心如果答應讓他不用學鋼琴了，那是不是教會他不想要的事情就可以放棄？

　　可是，如果繼續逼他，他也沒有心要學，根本也學不了什麼東西！」

不只是學鋼琴，其他許多事也都是一樣。比如看到魔術方塊躍躍欲試，卻在試了幾次之後，發現無法完成就興趣缺缺；在學期初發憤圖強，規定自己每天要背 10 個英文單字，卻從做著精美的字卡，到字卡不見而完全放棄；或被電視上游泳健將的泳姿吸引，最後練習游泳的原因，卻只是因為練完可以吃麥當勞。

　　但也有些事情卻完全相反。比如連大人看了都頭暈的 1000 片拼圖，孩子卻可以花兩、三個小時，一動也不動的完成；明明沒人教，孩子也會絞盡腦汁，開發各種玩公園遊樂器材的方式；明明看不懂日文，卻為了喜愛的動漫角色，請爸媽買日文雜誌，一邊靠著翻譯器，一邊津津有味的讀著。

　　一樣都是「一開始有動機」的事，為什麼有些能持續，有些卻無疾而終？是什麼影響了這些事的走向呢？是「學業」與「遊戲」的差別嗎？但明明孩子一開始都想要呀！我們該怎麼做，才能補充孩子的動力呢？

　　這個問題，或許可以從「學習動機」的發生與延續來討論。

🏛 有學習動機：需要延續型

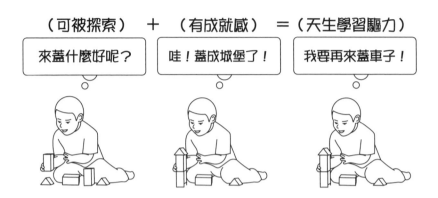

（可被探索）	＋	（有成就感）	＝	（天生學習驅力）
來蓋什麼好呢？		哇！蓋成城堡了！		我要再來蓋車子！

　　我們的大腦，會自動地對一些事物進行價值排序，而事物一旦被賦予了「價值」，就會正向增強我們的行為，以讓我們追求，或想要繼續得到這些事物。比如前面提到的食物、對新事物的探索、形成依附關係等。

　　而此刻要討論的「學習」，剛好就有許多價值回饋的要素在裡頭，因此前面的分類，才會將促進學習的動機本質，畫分在先天驅力（天生就想要）上，也就是說，我們不用逼孩子，孩子自然就想要學、想要探索！

　　至於學習當中，又有哪些價值回饋的要素，可以當作驅動的燃料呢？首先，**「能夠探索新事物」當然就會是學習動機的第一動力來源了！**想想孩子看到新玩具時發光的眼神，或是第一次用手指在鍵盤上彈奏時的雀躍。

　　此外，由於學習的過程需要突破層層關卡，才能獲得

新技能、新知識，**因而突破關卡所帶來的「成就感」，就會是學習的另一項動力來源！**

而不管是「探索」、或者是「獲得成就感」，大腦都會在這兩件事發生時，自動地回饋，讓我們覺得快樂，我們也會因而覺得這些事件有所價值。

在「探索關卡→突破關卡→探索關卡→突破關卡……」的循環中，學習就這樣層層被推進，直到我們覺得沒有什麼新東西可探索了、或遇到無法突破的困難了，導致我們無法從學習中獲得成就感為止。

這也回到一開始家長的困擾，「**明明孩子一開始就有興趣呀！怎麼一下子就說不要學了？！**」

孩子一開始的興趣的確是真的，因為這項事物有他們想要探索的部分，但一旦他們發現沒什麼好探索的了，或是遇到無法突破的困難時，**就會出現學習動機無法延續的情況。**

此時，若大人們只藉著一開始的興趣或決定來引導孩子，比如跟孩子說：「這是你自己選的。」「你不是很喜歡嗎？」等，並沒有協助解決問題，或協助孩子看到可以繼續探索的地方，那麼孩子的學習動機也不可能會延續。

接下來，就讓我們就會針對「探索」及「成就感」這兩個面向來分析，看看我們怎麼協助孩子重新點燃原本的學習熱忱！

🏯 影響孩子「探索」動力的因素

1. 給予物質性的外在回饋，會降低學習動機

物質性的外在回饋＝只要你做完事情，你就可以....

吃美食　玩電動　蓋好寶寶章　玩玩具

　　為了增強孩子的學習動機，許多家長最常做的事，就是給物質性的外在增強誘因。比如允諾他彈完鋼琴可以吃麥當勞，或是讀一本課外讀物可以看電視。

　　一旦開始這麼做，雖然初期的效果會很好，但孩子對於學習這件事的期待，就會轉向「外在的物質回饋」，而不是學習本身。

　　換句話說，孩子學習，不再是為了探索想要學習的事物，而只是為了想要之後的獎賞。此時，一但孩子發現沒有回饋了，他們對於要學習的事物就會變得興趣缺缺、失去探索的動力。

　　因此，雖然前面有說「行為類」事件初期可以給一些外在回饋沒關係，**但「學習類」的事件就不建議這麼做了。**

因為一旦給了物質性外在回饋，孩子就會因為失焦而失去了探索的欲望，反而得不償失。

不過，從別人身上獲得的外在回饋，其實也是有區分的喔！前面所提的食物、電視、玩具，就屬於「物質型」外在回饋，而還有**另一種「社會性」的外在回饋，反而就多多益善。**

2.「社會性」的外在回饋可以增加學習動機

心理學家愛德華・迪西（Edward Deci）在 1971 年發表的文獻中，設計了一系列著名的實驗，目的是為了看不同的外在回饋，對學習的影響。

他將受試者分成「物質回饋組」（給錢）與「社會獎賞組」（給稱讚）兩組，並要求這兩組進行三次任務。任務內容都是「解題」，而在完成後，再依組別的不同，給予不同的外在回饋。

實驗結果發現，「物質回饋組」的受試者在拿到錢後會花更多時間參與解題，但一旦沒給錢了，他們參與的時間就立刻減少。

另一方面，「社會獎賞組」的參與度也在給完稱讚後有所提升，但與「物質」回饋組不同的是，在接下來「沒」給稱讚的階段，參與度竟未因此降低！

換句話說，如果給的是社會性增強，那學習動機將有

機會被「強化」，且即使沒再給稱讚，學習動機也能被「延續」！

明明都是外在回饋，為什麼會有如此大的差別呢？

其實「物質型」與「社會型」外在回饋的不同，**就在於一個是將我們的注意力導向到「外在回饋」上，因此會讓我們失去對活動本身探索的興趣；而另一方面，由於稱讚是回饋「我們」正在做的事，所以注意力不會被導向到外在，還會因此幫助我們看到「我們」正在進行什麼探索！**

而這也是建議一定要稱讚孩子的原因。我們一旦給予「社會型」外在回饋時，孩子本身探索該「事物」的學習動機不但會有所提升，甚至即使沒有每次都有社會回饋，學習動機一樣可以被延續喔！

不過，簡單如稱讚，也是有需要注意的地方！比如稱讚孩子時，**要記得講出稱讚他的原因，而原因通常只要描述行為即可。**

比如說「你今天彈琴比平常多練習了十分鐘，是因為你想把不會的地方練好對不會？你真的好棒！」孩子才不會不知道該導向自己的注意力去注意什麼事情。

此外，若只是稱讚孩子「你好棒！」這樣的「謎之稱讚」會讓孩子無法藉由社會回饋來評估自己的能力，也有可能導致「自信心過高」的出現！

3. 學習要有目標

我們一開始會被某些事物吸引，是因為覺得當中有值得探索的地方。而當我們覺得似乎探索完成時，就會對這件事失去興趣。

這解釋了有些孩子在課堂上不專心聽講，問他為什麼不專心時，他會說：「因為我都會啦！這個太簡單了！」

但每一個「學習事件」一定都還有我們還沒探索到的關卡，或可以延伸學習的部分。當孩子失去學習動機的原因，是因為覺得都會了、不值得探索了時，幫助他們找到可以繼續探索的目標就很重要！

提供給大家一個小訣竅，**「暗示」地讓孩子看到值得仿效的模範，讓孩子覺得有必要再繼續探索下去，將會比「明講」要孩子找一個新的目標來得有效！**

比如孩子覺得學會彈曲子了，不想再繼續練習鋼琴時，讓孩子看許多有趣的鋼琴演奏或音樂影片，就能夠達到「暗示性」的激勵作用！像是《海上鋼琴師》《可可夜總會》等。

當孩子從中了解還有可以探索的部分時，再與孩子溝通下一階段的目標。此時，孩子會因意識到能夠繼續探索，而重新點燃學習動機。

但要注意，要避免一開始就給出太過於遠大的目標，否則孩子也無法達到喔！

🏛 影響孩子「成就感」動力的因素

　　大多孩子失去學習動機的原因，就來自於遇到無法克服的困難，且在不知道該如何努力才能跨越到下一個關卡時，就會失去繼續前行的動力。

　　此時，如果我們能協助孩子克服困難，孩子就能從解決問題中所獲得快樂跟成就感，這也會成為他繼續學習的最佳動力！

　　但協助孩子克服問題通常相當棘手，且要嘗試多次才有辦法成功。接下來就讓我們來討論一下，如果要協助孩子解決問題的話，有哪些要注意的地方吧！

1. 當孩子遇到困難時，一定要先稱讚他「已經完成的部分」

詳細內容請見 P128。

2. 同理孩子的情緒

　　「我知道你現在遇到困難很難過（生氣／沮喪／想放棄），有這樣的情緒很正常喔！如果是我遇到困難我也會很難過。但你不用擔心，我會陪著你想出辦法解決問題喔！」

3. 試著與孩子釐清問題

　　即使我們覺得問題很明顯，或我們覺得孩子一定知道

問題是什麼，我還是會建議要讓孩子將問題說出來，或家長協助重申一次。

原因是因為孩子的因果連結尚未成熟、或者問題會因我們沒有在第一時間處理而變得複雜、也有可能被其他發生的事件掩蓋等，因而需要旁人協助將問題再次釐清。

比如孩子明明是搞不懂數學算式怎麼算，但教著教著，因為孩子還是不會，家長開始生氣，然後孩子就開始鬧說不想學，反而演變成成親子衝突。

但追究根本問題，其實就是數學算式不會。因此協助孩子釐清問題，除了對孩子來說有必要外，家長們也可以趁機冷靜一下喔！

4. 提出解決策略

這個環節就是成功的關鍵了！

許多家長會反應：「明明我都有提供孩子解決策略啊！為什麼孩子就是不聽、或不接受呢？」孩子會出現這樣的狀況，很有可能就是前面的環節有漏掉的部分！

比如當我們沒有提醒孩子「他已經完成的部分」時，孩子就仍會覺得自己很糟糕。若此時我們又一味的塞解決策略給他，孩子只會感到自己仍是無力的、需要幫助的，也難怪他們會想要拒絕我們的協助了！

而提供解決問題的策略，也是有些訣竅的。

◆ 避免無效策略

所謂的無效策略，其實也是家長最容易建議的部分，比如：「你再試試看呀！」「你就是不夠專心！」「你再快一點就好了！」「你要寫漂亮一點」等。

先不說孩子懂不懂你所謂的專心、快一點、漂亮是什麼意思，孩子如果可以在剛剛就做到這些事，那還需要我們再將這些策略重申一次嗎？

此外，如果我們只是要求孩子再試一次，而無提供哪邊需要修正，哪邊可以調整的建議，那孩子有可能只是靠運氣才能試到成功。

如果要避免無效策略，就要明確地與孩子說怎麼做到策略上的建議。比如將「你要快一點」修正成「把公式寫在考卷上面，我們就不用每次都還要想一次公式了，這樣應該可以快一點完成！」

或將「你要專心一點」，修正成「我們用手指指在句子下面，幫我們看看唸到哪裡了，這樣就不會漏掉了！」

◆ 依孩子的年齡，調整給策略的方式

不同年紀的孩子，由於認知能力發展的成熟度不一樣，因此也會影響到孩子能否自己想出解決策略、解決問題。

尤其與解決問題有關的「認知彈性」能力要到六歲才會有突破性的發展，因此大家在引導孩子時，也不要忘了依

年齡做調整喔！

年齡	解決問題的能力	建議的引導方向
四歲以前	因果連結的能力都尚未成熟，所以很多時候甚至不知道自己的問題是被什麼事件引發，也不知道該解決什麼問題。	1. 讓孩子知道自己的問題是被什麼事件引發的，並試著讓孩子以因果句：「因為……所以……」將事件與問題連結在一起。 2. 鼓勵孩子在遇到問題後，可以試著「向大人求助」。這樣也可以藉由大人的協助避免「習得無助感」喔！
四到六歲	孩子開始發展「執行功能」，但因為還沒有很成熟，因此碰到問題時，還不太會轉彎，或提出適合的解決策略。	由於孩子能力尚在發展中，建議在討論後，由大人提供解決策略，再讓孩子試著用解決策略解決問題。
六歲以上	孩子的執行功能已經相對較為成熟，也較能夠組織出完成的溝通句子進行「協商」，可以讓他們會試著自己找方法脫困。	試著讓孩子自己提出解決策略。

◆ 過程中需要重申問題

當問題沒辦法一次解決時，就會有來來回回嘗試錯誤的過程。在此過程中，孩子要面對來自大人的壓力、調整自己遇到挫折時產生的負面情緒、還要記得試過哪幾種方法、到底要做什麼樣的修正等。

面對這麼多需要注意的地方，孩子難免會出現注意力導向錯誤或失焦的情況，因此容易越處理問題，越不知道自己在處理什麼！

當發生這樣的情形時，將前面我們所釐清的問題以及解決策略再重申一次，就是幫助孩子將注意力導向到焦點的好方法喔！

> 「我知道你已經試過很多次了，你也因為這樣有點生氣。生氣很正常喔！要是我也會。但我們現在要解決的問題，是揮拍時打不到球這件事，沒關係，我們再試一次，一起數到三然後揮拍。」

重申問題的好處，除了協助導向注意力之外，還可以**幫助孩子知道自己現在的努力是有終點的！**走向終點的過程雖然有些曲折，但並不是毫無止盡地重複，而是在解決問題之後就會結束。

5. 讓孩子自己解決問題

最後，就是讓孩子自己用這些策略解決問題！但也像上面提醒的，孩子可能要多試個幾次，才有辦法真的解決問題。

此時不要忘記了，我們要教孩子的不是失敗很可恥，而是克服困難的快樂！

而當孩子真的解決問題時，我們也不要將孩子克服困難視為應該，而是大力的稱讚他：「你靠自己解決問題耶！真的太厲害了！」

練習（九）：
陪著孩子解決學習困難！

建議年齡：四歲↑可

再次提醒大家，所謂學習上遇到的困難不僅僅限於「學業」，而是泛指所有與學習有關的事件。

你可以選擇孩子在數學、國語、英文等課業遇到問題時來著手，彈鋼琴、游泳、手工藝等才藝，也都是可以發揮的學習類事件呦！

Step 1　找出孩子遇到困難的學習類事件：＿＿＿＿＿＿＿

＿＿＿＿＿＿＿＿＿＿＿＿＿＿＿＿＿＿＿＿＿＿。

Step 2　稱讚他已經完成的部分：＿＿＿＿＿＿＿＿＿＿

＿＿＿＿＿＿＿＿＿＿＿＿＿＿＿＿＿＿＿＿＿＿。

Step 3　同理孩子的情緒：＿＿＿＿＿＿＿＿＿＿＿＿＿

＿＿＿＿＿＿＿＿＿＿＿＿＿＿＿＿＿＿＿＿＿＿。

Step 4   試著與孩子釐清問題：

- 孩子在四歲以下：你現在遇到的困難，是因為
  ＿＿＿＿＿＿＿，你可以自己再講一次嗎？

- 孩子在四到六歲：你可以想一下你現在遇到什
  麼困難嗎？（此時也可以給選項，比如你覺得
  是因為自己沒力氣，還是精神不好等。）

- 孩子在六歲以上：建議讓孩子自己釐清問題。

Step 5   提出解決問題策略（避免無效策略）：＿＿＿＿＿
＿＿＿＿＿＿＿＿＿＿＿＿＿＿＿＿＿＿＿＿。

- 我想用 ＿＿＿＿＿來解決＿＿＿＿＿＿問題。

Step 6   讓孩子自己解決問題！（過程中可適時重申問題）

第三章

情緒發展需求

面對情緒，
了解情緒要告訴我們的事

3-1 為什麼我們會有情緒？

🏠 家長的煩惱：
　孩子，你為什麼不再跟我吐露心事？

　　兒子上小學後，就不再跟我分享他的心情了。但他不是一生下來就這樣的，他也曾經跟我分享過他的生活。

　　升小學前的暑假，我帶他去上了大家說上小學前一定要唸的正音班。

　　「上了這個就會變成小學的大哥哥了，對吧？」

　　他開心的跟我說，而我看著他背著包包的背影，真的很期待他長大。結果第一天回家，他卻跟我說他不想再去上課了，老師好兇，每天還要考試。

　　「不行！你是要上一年級的哥哥了耶！怎麼可以因為這點小事就放棄？而且老師有打你嗎？有罰你留下來考試了嗎？爸爸常說什麼？要吃得苦中苦，方為人上人！」

雖然兒子癟了癟嘴，但我還是壓著他，一把鼻涕一把眼淚的練習著。我想，過了十幾年，等他當爸爸之後，一定也會知道我這麼做是為了他好。

　　後來兒子果然不負眾望，不僅從來沒被留下來補考過，老師還說他到目前為止的成績是全班第一名。

　　我驕傲地跟兒子說，看吧！只要努力，就會有好結果！當你爸爸真的臉上有光！但兒子只是對我笑了一下，而且我總覺得，這個笑容對當時的他來說，好像有點太過成熟。

　　好像也就是這個暑假之後，兒子就不太跟我分享他的生活了。

　　「是他長大了吧？」

　　我在心底默默的安慰自己。但又有個小小的聲音在跟我說，會不會是 我 把兒子推走了呢？

🏠 情緒是什麼呢？

　　在這章開始介紹之前，我們先來完成幾個句子。

　　請大家不用多想，並按照自己的直覺來將下列的句子填寫完成：

完成下列句子

我覺得情緒是一種 _____ 。

我希望我的情緒狀態能夠 _____ 。

當我有情緒時，我通常會 _____ 。

看到別人有情緒時，我會覺得 _____ 。

每次我情緒反應結束時，我會想跟自己說 _____

_____ 。

我覺得情緒給我最大的幫助是 _____ 。

　　上面的句子，是希望在開始之前，大家能先將對「情緒」的了解及看法留在這裡，以讓我們在看完這章的介紹後，可以再回來看看自己對於情緒的「解讀」，是否正成為我們引導孩子情緒中的盲點喔！

　　在我們剛出生、還沒有任何語言能力時，似乎就會在特定的情境下，表達出特定的幾種情緒。如看到父母時會「開心」、察覺主要照顧者不見時會「害怕」、本來跟主要照顧者玩得很開心，但互動停止時會「難過」、吃到的食物味道不喜歡時，會「討厭」而拒絕再吃、得不到想要的東西時會「生氣」等。

　　而就在這些情緒的「先天程式」被特定情境啟動時，科學家發現，我們大腦也會有相對應腦區的活化。比如當嬰

兒看到爸爸媽媽消失在視野裡時，大腦中的「杏仁核」就會開始啟動，並伴隨著心跳加快，血壓升高、呼吸變得急促等生理反應的出現。

不僅如此，有研究證據顯示，「前腦島」損傷的病人，會較難表現出「討厭」、或缺乏感知「厭惡」的感受；而在面對羞辱而感到「生氣」時，「眼窩前額葉皮質會活化」；「前扣帶迴皮質」則被認為與「難過」有關係等。

「特定腦區的活化，而得以讓我們產生不同的情緒反應」的這個發現，似乎很合理並被大家討論及檢視的同時，許多科學家也發現，這些「腦區」活化的時候，並非每次都伴隨著情緒反應的發生，而是更廣泛的，在某些特定的「情境」中有所反應。

以杏仁核為例，它不僅僅在恐懼的情境中有所活化，而是當環境出現「外源性」且「明顯、不確定」的刺激源時，這個腦區就會啟動，以讓我們將注意力導向到該刺激源上，或有所警覺。

比如環境出現的「蛇」和「不知名生物」時，都會誘發杏仁核的反應，但「蛇」已被認為是與危險相關的生物，杏仁核的活化會快速且自動地啟動「戰鬥—逃跑」的反應，也是我們後續解釋為恐懼情緒產生的時刻。

但如果今天我們遇到的是後者，這個我們從來沒遇過

的生物,身上也沒有任何的特點能判斷是否具有危險性時,杏仁核也會活化,而目的就是讓我提高警覺,並在不斷地注意下,直到我搞清楚這個生物究竟意圖為何。但初期,我是不會有恐懼情緒的。

眼窩額葉皮質區,則是我們遇到需要整合「內源性刺激與外源性刺激」的情境時,會活化的地方。而剛好,生氣的出現,就是在內在需求與外在事件不一致時會被引發。

例如想要看電視是一種內在需求,媽媽不讓我看電視是一種外在事件,當這兩者不平衡時,因此就出現了生氣的情緒。

至於與難過有關的前扣帶迴,則是當我需要「調解內在感覺」時的重要所在,而因為失去、失落而出現的哭泣、流淚行為等,本身就是一種減輕壓力的療傷機制。

因此,當我們跳脫情緒,再檢視這些腦區時,對於情緒的本質,似乎就更清楚了。

大腦的各個腦區,本身都有對特定情境反應的特質,而當情境中的特定刺激,經整理後不具有特殊意義當然就沒事,但一旦「大」到會引發不同的生理反應,這時的生理變化,也就是我們後續感到有情緒的開始。因此我們可以說:**「情緒的本質,其實就是為了因應不同情境,我們身體預先準備好的狀態。」**。

這些預先準備的狀態，就可能因為不同的情境，而有不同的表情變化、不同程度的注意力導向、或高或低的覺醒程度、趨近或趨避的行為表現。

🏠 情緒的本質：
在不同的情境下，身體的預先準備狀態

基於上述，情緒的本質，其實就是「在我們意識到之前，我們基於不同的情境，身體就先預備好的狀態」。

由於這個過程是無意識且自動化的，因此我們常聽到：要學會「控制」情緒，其實是不對的，因為我們無法、也無從控制我們的身體狀態。

雖說我們無法控制情緒，但我們可以學習如何面對以及調節情緒。並在學會如何調節情緒後，等到下次類似情境發生時，「原始情緒」才不會因為累積而出現過激反應的狀態；或者由於我們有策略地解決情境事件，「原始情緒」就不會再是我們首要的反應方式。

不過，要做到上述所說的情緒調節，我們首先要做的，是帶著孩子學會「面對、接受」情緒。

面對情緒，才知道情緒想告訴我們的事情是什麼。是我內在的需求沒被滿足造成的嗎？是因為過去讓我不舒服的

經驗讓我想要逃避？是我現在很受傷，所以我需要療傷？

　　還在跟孩子說「你生什麼氣」「有什麼好哭」「膽小鬼才害怕」嗎？或許我們可以試著做的事情，就是在我們同理孩子情緒時，讓孩子面對、接受自己的情緒喔！

1 特定情境出現	2 特定腦區活化	3 身體準備狀態
讓心情愉悅，產生動機的情境 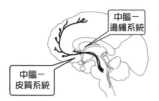	中腦－邊緣系統 中腦－皮質系統	產生想要、追求等趨近的行為
出現值得注意的外源性（外在）刺激	杏仁核	警覺/注意力提升
刺激造成身體內不舒服感受	前腦島 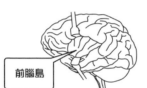	趨避等嫌惡反應
產生痛苦的情境	前扣帶迴 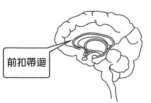	引發流淚、尋求慰藉等調節的行為
外源性刺激與內源性需求不平衡 內源性需求 我想看電視～ 外源性刺激 不行。今天已經看過了 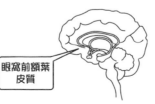	眼窩前額葉皮質	試圖控制外在環境的反應

練習（十）：
同理孩子的情緒

建議年齡：兩歲↑可

讓我們先透過情緒同理的練習，來幫助孩子面對自己情緒：

Step 1　詢問，辨識情緒
你現在心情怎麼樣呢？可以跟我說你的感覺嗎？你是不是覺得（難過、開心、沮喪等）？

Step 2　事件連結，知道自己情緒為何而來
你感覺（心情）是因為（事件）嗎？
我知道了，你因為（事件），所以感覺很（心情），對不對？
那你可以跟我說，你的心情是因為什麼事嗎？

接著，從下表列出的基礎情緒中，利用句型讓孩子知道自己情緒狀態被接受、被同理，以幫助孩子面對自己的情

緒，並在完成後於框框中打勾，直到基礎情緒皆有完成的經驗。

這邊列出的句型只是方便各位爸爸媽媽參考，各位爸爸媽媽可以自己試試最適合自己與孩子溝通的方式喔！

Step 3

☐ 生氣

→因為（事件）覺得生氣很正常喔！你有講出來真的很棒！那我們一起來想方法解決，才不會一直生氣不舒服，好嗎？

→我知道你因為（事件）覺得生氣！謝謝你信任我、願意跟我說！沒問題，我們一起來想辦法解決。

☐ 難過

→因為（事件）而感覺難過很正常喔！要是我也會。你那麼難過，讓我抱抱你好嗎？

→難過的時候流眼淚很正常喔！有時候哭完會比較舒服。你需要我陪著你呢？還是讓你靜一靜？

☐ 害怕

→我知道你很害怕（事件或物品）！即使這麼怕，但你還願意跟我說，真的很勇敢！但你不用擔心，爸爸

媽媽不怕，我們可以保護你！

→天啊！聽你這樣說，我也覺得很可怕。但你現在不是一個人喔！我會在這裡陪著你。

□ 討厭

→你是不是（事件或物品），所以你不想碰到（事件或物品）呢？這樣的感覺叫做討厭喔！如果（事件或物品）這樣對你，你會有討厭的感覺是很正常的喔！

3-2 為什麼我們會有情緒呢？

腦部對情緒的影響——艾略特的故事

知名的西班牙裔美國神經科學家安東尼奧・達馬西奧（Antonio Damasio）在 1985 年發表了一位腦傷病人的研究報告。並希望藉由對這位病人——艾略特的討論，釐清如果我們沒有情緒的話，會對生活造成什麼影響。

艾略特在腦傷前，有穩定的工作，在工作上的表現可圈可點，同時也是一位模範丈夫。然而，就在不斷的頭痛，經檢查發現自己腦部有腫瘤，進而選擇進行切除時，不小心傷及了前額葉（大腦前端）的部分腦區。

即使如此，這次的切除仍被認為是一次成功的手術，因為後續的測驗說明艾略特的神經功能「似乎」一切正常。

他的智商未受影響，也可以如往常一樣地思考、能記得短期或長期的事且通過記憶力測驗，甚至能運行複雜的數學計算。不僅如此，清楚地知道自己該完成什麼工作任務的他，回到工作崗位對他來說應該不算困難。

但，他的生活卻在手術後完全變調了。

他負責的工作項目要不未完成，就是需要修正，艾略特甚至會花一個下午的時間，只為了決定文件該如何分類，

而最終導致被公司辭退。

　　總總的失控不僅導致他與太太離婚，甚至在離婚後不顧家人的堅決反對再婚，最後也以離婚收場。

　　個人的財務狀況，也因為讓自己捲入不當投資中，而宣告破產。不幸的事情是，因為他提不出任何「大腦損傷」的證明，因此政府也拒絕給予任何補助。

　　而就在種種的生活「脫軌」後，艾略特被轉介到神經科學家達馬西奧手上。

　　「在與他進行很多個小時的對話中，我沒發現他有任何情緒的表現，既沒有悲傷、沒有不耐煩、也沒出現沮喪。」

　　隨後，達馬西奧讓艾略特看一系列「有情緒意涵」的圖片，比如火災發生現場、因為淹水而掙扎的人、可怕的意外事故等。

　　這些本該引發觀看者一些情緒反應的圖片，艾略特卻描述：「我知道這些圖片過去在看的時候，會帶給我很大的情緒反應。但現在，我卻沒有什麼感覺。」而以上的種種，似乎表明了艾略特可以描述事件，也知道發生什麼事，卻無法「感覺」這些事。

　　換句話說，艾略特因為腦傷的關係，似乎喪失了感知「情緒」的能力！

🏛 情緒與決策的關聯

　　達馬西奧為了進一步釐清「喪失感知情緒的能力」與艾略特目前生活狀態的關聯性，他讓一群與艾略特狀況類似的病人參與了模擬賭博的實驗，並與對照組做比較。

　　實驗是這樣設計的：開始前，每位受試者都會被給予一筆賭博的籌碼，並告知在實驗過程中，他們的任務是盡可能地贏得更多錢。

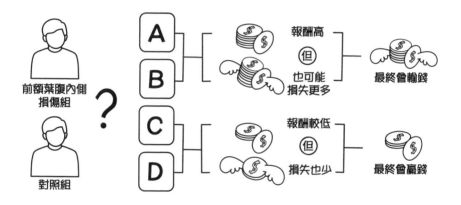

前額葉腹內側
損傷組

對照組

A
B
報酬高
（但
也可能
損失更多
最終會輸錢

C
D
報酬較低
（但
損失也少
最終會贏錢

　　而在實驗中，他們被告知可以選擇四種類型的卡片，並獲得、或損失報酬。實驗特別的地方就在於，受試者們一開始並不知道 A、B、C、D 哪一個選項是屬於哪一類，因此他們會不斷的嘗試，直到弄清楚規則。

　　實驗結果發現，就大部分的人而言，他們在一開始試了幾次之後，就會慢慢地察覺「喔！A 和 B 是危險的賭注

喔！」因此在不知道會玩幾輪的情況下，他們會更傾向選擇打「安全牌」——選擇 C 和 D。

而前額葉的腹內側損傷的病人呢？他們竟然在一開始嘗試幾次之後，開始做出與一般人完全不同的決定：他們更傾向投注在 A 和 B 中。

想當然，高報酬的投資也伴隨著高風險，而結果就是，這些病人們幾乎就在遊戲一半時就破產，而需要跟施測者再借一些籌碼。

艾略特也是一樣，更甚至是，不管玩幾次，或過一陣子再玩，他仍會做出如是的決定而讓自己破產。

如此不會從「錯誤經驗」學習的結果，也跟他的日常生活一樣，充滿著「不理性」（讓自己破產）、幾乎可以說是「匪夷所思」（讓自己捲入不當投資中）的決定。

為什麼會這樣呢？

經過更進一步的實驗，達馬西奧發現這群前額葉損傷的病人，正因為腦部損傷的關係，**導致他們無法感知自己的「情緒狀態」，因而影響了他們的「決策歷程」。**

比如說，第一次我不知道選擇 A 和 B 會發生什麼事，所以只能靠著選這兩個來看看結果如何。由於 A 和 B 是高風險選項，結果我在幾次的選擇中，不僅沒拿到錢，還要賠掉一大筆錢。此時我開始「緊張」了，緊張是不是選 A 和

B 就會發生「暴露我於危險之中」的狀況。

因此，下次我就會更小心翼翼，或乾脆避免選擇 A 和 B。此時我們也因為 A 和 B 會帶給我們緊張的情緒感受，因此賦予這兩種選項「危險！需要避開！」的價值。

但如果，我因為前額葉損傷，無法感知自己緊張的狀態呢？這時，我就會在每次的決定中，失去了被自己「情緒」提醒的機會。

沒了情緒的提醒，我只會想到可能會有高報酬，因此即使現在的選擇會讓我失去一大筆錢，我也不會緊張，就好像大家說的不痛不癢一樣！但我真的不痛不癢嗎？沒有啊！我最後破產了！

但沒有了情緒作為提醒，選項就只是選項，不會被賦予任何的價值，因此也不會成為我下次做決定的基礎。

換句話說，艾略特日常生活走調的原因，就是來自於他無法感知情緒。在沒有情緒幫助賦予事件價值之下，最終空有理性卻無法做出任何決策（或做出匪夷所思的決策）。

舉個更生活化的例子，比如中午吃什麼對大家來說都 ok，但我就可能在今天覺得「雞肉」比起「牛肉」更讓我開心的感覺中，選擇了雞肉。

能夠做出選擇的原因，就是因為雞肉被賦予了「讓我開心的價值」。但艾略特就不一樣了，他可以列出午餐名單

（理性認知歷程），但也會花一個下午的時間，考慮每間餐廳的菜單、燈光、位置，最後卻什麼也沒決定。因為每個選項就只是選項，沒有哪個選項讓他有感覺，也就無法決定。

上述的狀況其實也在說明**情緒並不是理性思考的敵人**，所以我們不僅不需要摒棄情緒，也不必因為自己有情緒而覺得很可恥。

事實上，如果你空有理性思考而無情緒，那麼，你的「決策過程」將會異常的困難，並導致你會無法做決定（無法賦予事件價值），或時常做出錯誤的決定（前一次的情緒價值無法當作下次事件學習的基礎）。

🏛 引導孩子情緒的關鍵

在繼續下去之前，我們先來整理一下。

從前一節，我們了解到了情緒的「本質」，是針對不同情境，我們預先準備好的生理狀態。

這些生理狀態出現的「目的」，從達馬西奧的實驗中可以得知，就是為了賦予事件不同的價值，好讓我們可以根據這些價值快速的做出決定。

由於不同的基礎原始情緒會引發不同的身體狀態，因此賦予事件的價值也不一樣，當然也會促使我們做出不同的

決定。

　　大家不妨把這樣的思考模式當作該如何引導情緒的開始。既然情緒出現的目的之一就是幫助我們做決定，那我們即可在讓孩子如何面對自己的情緒之後，讓他學會如何做出「引導後」的決定。

　　比如開心的情緒，原始情緒賦予的事件價值是：「這個東西會讓我開心，因此我還想要！」但如果放任「我還要」的決定不管，孩子就有可能被「追求欲望滿足」牽著走，因此在想做什麼就做什麼的感覺中，出現不顧老師還在上課就做出跑出去玩的舉動。

　　若要避免如是的情況發生，我們該怎麼做呢？我們即可以在孩子出現「我還要」的決定後，讓他知道「還要可以，但要等一下！」

　　而「讓他等待」的引導決定，即在帶領孩子練習「延宕滿足」：「我知道這件事會讓我開心，因此我還想要。但我知道，我不能隨時想要就要。有時候，我需要學會分配好我的欲望。」

　　不同的情緒本質也不同，因此協助做出的決策也不一樣。總結而言，我們可以用以下的表格，完成我們對情緒的想像，以及初步的知道該如何引導情緒中的孩子：

基礎情緒	腦區／迴路	情緒的本質（身體準備狀態）	情緒的目的		情緒的引導
			賦予事件的價值	促使做出的決定	引導做出的決定
害怕／恐懼	杏仁核	注意外源性刺激，並將注意力導向到這個刺激源上，以及啟動戰鬥或逃跑	危險	我要逃跑！	學會預期
討厭／噁心	前腦島	察覺內源性不舒服的感受，以進行趨避	生病、不舒服	我不要再碰到！	保護自己
生氣	眼窩前額葉皮質	內在需求與外在環境不平衡，因此會試著改變外在環境，來符合自己的內在需求	失去控制	我要控制！	解決問題
難過	前扣帶迴	調節內在感覺，以減輕痛苦	失去、受苦	尋求慰藉或減低痛苦	尋求協助

| 愉悦 /
開心 | 「中腦—
皮質」以
及「中
腦—邊緣
系統」 | 引發動機,讓
我再次尋求這
個刺激 | 動機 | 我還
想
要! | 延宕滿足 |

　　不過要提醒各位,這裡列出的不會是唯一的決定!而前面不管是關於「情緒本質」或「情緒目的」的討論,也不僅限於上述所填的目的或價值。

　　只是希望看到這邊後,當我們在面對孩子情緒時,不要只讓孩子忍耐,或讓孩子覺得有情緒的自己很可恥。而是讓孩子學會「喔!原來需要面對情緒,才有可能會讓我做出更好的決定。」

　　也因為每種情緒都有它存在的必要,所以沒有絕對正面的情緒,也沒有絕對負面的情緒喔!我們也將在下一章,更加詳細的討論,如何引導孩子的情緒調節!

練習（十一）：
比對自己對於情緒的看法

我們在本章一開始，請大家完成了幾個簡單的句子。

從這些句子中，我們也投射出許多對情緒初步的想像。現在，請大家翻回前面 P180 自己所完成的句子。

第一句，是想要了解大家對於情緒的「評價」，是正面呢？負面呢？還是覺得情緒是一種中性的、自然的狀態。

第二句子，是想要了解大家對於自己情緒狀態的「預期」，而如果預期跟現實狀態差距過大，是否就是您現在面對情緒焦慮的原因呢？

第三句，是想要了解自己怎麼「解決」情緒的。是靠逃避、不面對，還是與情緒對抗卻沒有解決情緒的來源。

第四句，是看看大家怎麼面對他人的情緒，以及最「在意別人」出現什麼樣的情緒。

第五句，是想要了解大家有沒有「察覺自己」情緒的習慣，如果沒有的話，那是否自己在這個句子上的投射就比較沒想法。

最後一句則是想要問問大家，是否有從情緒事件中「學

習」的經驗。

　　完成的句子都沒有對錯，而且我相信這些句子都是大家最真實的反應，但也可能是我們在引導自己或孩子情緒時，最容易有盲點的地方。

　　因此這個練習，就可以當作我們情緒引導的基礎。接下來，就要請大家從上面完成的句子當中，挑選一個作為可以補充的句子，將這兩章看到與情緒相關的看法補充進去，完成一個新的句子就可以囉！

初始句子：我覺得情緒是一種＿＿＿＿＿＿＿＿＿＿＿。

想補充的內容（或看完的心得）：＿＿＿＿＿＿＿＿＿。

新的句子：＿＿＿＿＿＿＿＿＿＿＿＿＿＿＿＿＿＿。

初始句子：我希望我的情緒狀態能夠＿＿＿＿＿＿＿＿。

想補充的內容（或看完的心得）：＿＿＿＿＿＿＿＿＿。

新的句子：＿＿＿＿＿＿＿＿＿＿＿＿＿＿＿＿＿＿。

初始句子：當我有情緒時，我通常會＿＿＿＿＿＿＿＿。

想補充的內容（或看完的心得）：＿＿＿＿＿＿＿＿＿。

新的句子：＿＿＿＿＿＿＿＿＿＿＿＿＿＿＿＿＿＿。

初始句子：看到別人有情緒時，我會覺得＿＿＿＿＿＿＿＿＿。

想補充的內容（或看完的心得）：＿＿＿＿＿＿＿＿＿＿＿。

新的句子：＿＿＿＿＿＿＿＿＿＿＿＿＿＿＿＿＿＿＿＿＿＿＿。

初始句子：每次我情緒反應結束時，我會想跟自己說＿＿＿＿

＿＿＿＿＿＿＿＿＿＿＿＿＿＿＿＿＿＿＿＿＿＿＿＿＿＿＿＿＿。

想補充的內容（或看完的心得）：＿＿＿＿＿＿＿＿＿＿＿。

新的句子：＿＿＿＿＿＿＿＿＿＿＿＿＿＿＿＿＿＿＿＿＿＿＿。

初始句子：我覺得情緒給我最大的幫助是＿＿＿＿＿＿＿＿。

想補充的內容（或看完的心得）：＿＿＿＿＿＿＿＿＿＿＿。

新的句子：＿＿＿＿＿＿＿＿＿＿＿＿＿＿＿＿＿＿＿＿＿＿＿。

3-3 如何幫助孩子調節情緒？

🏯 情緒與事件記憶

　　沒看過蟑螂的小北鼻第一次看到牠們時，可能會因為蟑螂會動而感到好奇，但不會有大多數大人對於蟑螂的「嫌惡」，或強烈的「恐懼」。

　　換言之，蟑螂對他們而言是一種中性刺激，這個狀態也會一直維持，直到某次蟑螂的出現，與不好的情緒經驗連結在一起為止。

　　比如當某次蟑螂出現時，身邊的大人開始驚慌失措的尖叫，或是因為蟑螂爬在身上而被嚇到，或是看電視上報導與蟑螂有關的噁心畫面等。

　　此時，中性刺激就開始有了情緒經驗，並儲存在我們與「事件記憶」有關的腦區中。而在下次蟑螂出現時，我們就會表現出情緒反應：「這個生物很可怕、很噁心、我需要趕快逃走。」

「情緒經驗會被儲存在事件記憶中，並在下次成為大腦的反應基礎。」這意味著我們在成長的過程中，就不斷地藉由自己的情緒反應、以及觀察到其他人的情緒反應中，學習到我們在下次面對這些刺激時，該如何準備自己。

在達馬西奧的賭博實驗中，艾略特也是因為感受不到「緊張」情緒告訴他的：「這個決定很危險，該避開。」所以才學習不到要「修正自己的選擇」。

因此，我們在引導孩子情緒時，不該僅僅是「降低孩子的情緒反應」，這甚至也不是我們唯一該聚焦的目標。

我們應該把重點放在協助孩子在情緒反應中，了解事件對自己的影響，並試著解決自己的需求、或利用不同的方法調整環境。

在這些努力下，當下次類似刺激出現時，大腦對該「刺激」的情緒記憶就會被叫出來，此時要不是出現已經降低的情緒反應狀態，就會是開始學習如何面對、調節自己的情緒。

🏠 情緒調節的引導

總結而言，讀過依附關係章節的我們知道，我們要先同理孩子，如此才能藉由依附關係，協助孩子調節情緒。

而在情緒「本質」的章節中，我們知道我們無法「控制」身體的預先準備狀態，因此唯有在面對情緒後，情緒才有調解的可能。

　　此外，在情緒發生的「目的」裡我們學到，引導孩子做出更有利的決策，才能讓原本誘發情緒的情境，更能被適當的解決。

　　最後，引導孩子「對事件做連結」（事件記憶）、「教他們如何命名、以及講出自己的情緒」（語言），就能讓孩子記憶事件，並為了下一次類似事件做準備。

　　基於上面幾點，我們即以此為架構，將情緒調節分成三階段：

1.面對情緒：情緒詞彙的命名與表達。

辨識及面對情緒

目的：情緒辨識 / 情緒同理

重點：命名 / 講出來

你可以跟我說你的心情嗎？

許多家長最容易忽略的地方，就在於幫孩子將情緒講出來之後，**忘了請孩子再說一次！**

記得，一定要讓孩子再說一次喔！這樣他下次才知道該如何命名自己在什麼樣的情緒中！此外，在命名的過程中，我們也能藉此讓孩子知道我們能夠同理他的情緒。

鏨清情緒事件

目的：情緒與事件連結

重點：連結事件｜因果

你的心情是因
為什麼事呢？

2.鏨清情緒：讓孩子將事件與情緒做連結，以利於後續的決策或儲存成情緒記憶。

解決情緒需求

目的：情緒緩解／決策經驗

重點：了解需求／作為下次的基礎

沒問題！
那我們一起來
想辦法。

3.讓孩子想辦法解決自己的情緒需求：利用每個情緒的情緒本質，幫助自己做出可以解決自己需求的決定。

練習（十二）：
協助孩子調解情緒

　　以下，我們就以前頁的內容為架構，來討論每個情緒的引導方法。

　　在最後一個練習，我要請大家參考 P207 後的個別情緒引導的內容，並協助孩子在各項基礎情緒中調節情緒、以及做出引導後的決定。

　　一定要每個情緒都有引導的經驗，才算完成這項練習呦！完成後，就可以在底下紀錄事件發生的過程：

□ 開心
情緒事件：

_____

_____

□ 生氣
情緒事件：

_____

_____

□ 難過

情緒事件：

_____

_____

□討厭

情緒事件：

_____

_____

□害怕

情緒事件：

_____

_____

3-4　如何幫助情緒中的孩子？

🏠 害怕，都是想像出來的？

　　偉偉今年四歲，已經戒尿布許久的他，最近又開始尿床，而且變得很黏人。

　　只要媽媽一消失在他的視線，他就會開始放聲大哭，晚上睡覺的時候也開始害怕關燈，一有風吹草動就驚醒。

　　總是因為小事而嚇破膽的偉偉，讓媽媽覺得又好氣又好笑，但也不知道該怎麼辦。

　　後來經過幾次詢問，才知道偉偉原來是擔心接下來要上幼稚園了，不知道會發生什麼事，也害怕跟媽媽分開。

　　還記得我們討論過害怕情緒的本質嗎？除了判定刺激源是危險的之外，大腦也對如是的刺激源感到「不確定」，因此才會活化杏仁核。

　　而杏仁核的活化，也會持續到這個「不確定感」消失為止。因此，在解決自己的害怕情緒上，**只要能夠增加確定感，如此的害怕情緒，就有機會被解除或緩解。**

　　想要增加確定感，很重要的一項能力就是「學會預

期」——雖然沒發生過，但我大概知道「猜得出」接下來會發生什麼事，我也在猜得出來接下來會發生什麼事的情況下，先準備好可以如何面對。

- 基礎情緒：害怕／恐懼
- 情緒的本質（身體準備狀態）：注意力放在外源性刺激上，比如上幼稚園、與媽媽分開等，而啟動戰鬥或逃跑模式。
- 情緒的目的（賦予事件的價值）：危險。新的環境與老師，可能會是危險的，與媽媽分開也可能會遭遇危險。
- 促使做出的決定：我要逃跑！我很害怕，所以我會放大環境中，本來無害的刺激。

接著，用我們上一章討論的三步驟引導偉偉害怕的情緒，並讓孩子學著在這些害怕的誘發源中，預期這些事件上會發生什麼事。

Step 1：面對情緒

「每次看不到媽媽的時候，你是什麼感覺呢？是不是覺得心臟怦怦跳？（可以將孩子的手放在自己的心臟上知道該感受哪個位置）是不是在有些時候，你會想要逃走，不想

待在一個人的地方？」

「這種感覺叫作緊張喔！來，你可以自己說一次嗎？」

「緊張很正常喔！如果是我，我也會緊張。」

Step 2：釐清情緒

與孩子討論上幼稚園會緊張的部分：

「上幼稚園為什麼讓你緊張呢？是因為去幼稚園你看不到媽媽嗎？還是因為你怕去幼稚園遇到很兇的老師？」

Step 3：解決自己的情緒需求（害怕情緒——學會預期）

「雖然緊張很正常，但我們可以做一些準備，讓自己不會那麼害怕喔！」

‧學會對與家長分開的預期：「上學那天，我會幫你準備好早餐，吃完之後，我們陪你一邊散步一邊走到學校。等你中午一吃完飯，我就會出現在校門口喔！」

學會對幼稚園的預期：「園長有說，在開學之前，我們可以先去幼稚園參觀，那天我可以陪你一起進去看你的教室喔！」

上述的流程只是參考，不一定要照著上面的流程走。只要能夠協助孩子情緒緩解，家長們可以多試幾次，找出最適合自己與孩子特質的方法。

不管怎樣，**「讓孩子覺得家長是站在他這邊」才是最重要的。**如此，孩子才會願意相信你是幫忙的角色，而不是施加壓力的對象，而願意有所改變。

此外，在引導害怕情緒時，也有很多時候孩子根本不知道因為什麼事情而怕，所以一問三不知！或者表現的根本不像是害怕！

這是因為孩子的因果連結能力還不是那麼成熟，因此在出現壓力事件時，雖然的確誘發了孩子的情緒，而將孩子準備在「戰鬥—逃跑」的狀態中，但他並沒有意識到自己的情緒是被什麼事件或原因影響，因此也不知道如何解釋。

其次，大多數家長對於害怕情緒出現的理解，就是來自於孩子出現「瑟瑟發抖、大哭、害怕表情緒」等明顯行為「逃跑」表徵時，別忘了，孩子還有可能會出現「戰鬥」或「凍結反應」。

想想當你無預警的遇到一隻蛇，你會有什麼反應呢？可能會有轉身就跑（逃跑）、拿東西丟牠（戰鬥）、或僵直無法動彈（凍結反應）吧？

所以當孩子面對讓他害怕的人事物時，孩子也有可能會用摔東西、打人、講不好聽的話等方式回應；也可能乾脆「當機」在原地！面對這些狀況，我們可以怎麼辦呢？

孩子雖然不一定知道在怕什麼，但藉由觀察孩子行為上的改變，就可以找出開始改變的時間點。在釐清這個時間

點上有哪些壓力事件後，就可以比較明確的知道孩子是被什麼事情影響。

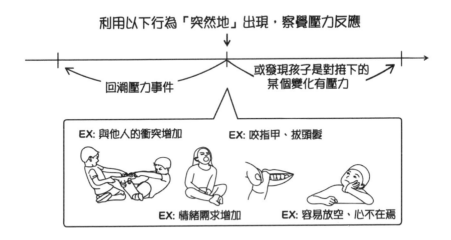

利用以下行為「突然地」出現，察覺壓力反應

回溯壓力事件　　　　　　或發現孩子是對捂下的某個變化有壓力

EX: 與他人的衝突增加　　EX: 咬指甲、拔頭髮

EX: 情緒需求增加　　　　EX: 容易放空、心不在焉

　　孩子的發展歷程中，本來就會有各年齡容易出現的壓力事件，因此在不確定時，也可以試著參考以下找出壓力源呦！

常見壓力源

　　◆ 嬰兒期（零至一歲半）

1. 分離焦慮。

2. 陌生人焦慮。

3. 主要照顧者更換。

◆ 學步期（一歲半至三歲）

1. 分離焦慮：上幼稚園、上小學、分房睡等。

2. 環境改變：搬家、住院、或出國玩太久等。

3. 其他：弟妹出生。

◆ 學齡前（三至六歲）

1. 同儕關係：交不到朋友、同儕之間的壓力。

2. 其他：戒尿布、怕黑、怕鬼怪、怕怪獸等。

◆ 學齡期（六至十二歲）

除了學齡前的問題外，還有：

1. 師生關係：老師的要求能否完成、考試等。

2. 手足競爭

其中，我想特別將三至六歲容易出現的「怕黑、怕鬼、怕怪獸」獨立拿出來聊聊。這不僅是這個年紀孩子常見的特點，有些孩子甚至會怕到無法獨自上廁所或做惡夢。

為什麼這個年紀群的孩子會特別怕這些「不存在」的東西呢？害怕，不就是怕「外源性」的刺激嗎？怎麼會怕這些「存在在腦子裡」「虛擬」的東西呢？

其實這個年紀的孩子的認知能力，由於抽象思考能力尚未成熟的關係，因此很容易「眼見為憑」，比如看到魔術，

相信魔術表演是真的。

「鬼、怪獸」等東西也是，孩子可能從卡通中看到，或從繪本中讀到，也許從其他大人講的故事中聽到（聽覺也是一種外源性刺激）而信以為真，因而相信有躲在角落的鬼怪，藏在衣櫃中的怪獸，或者有吃人的虎姑婆。

這些鬼怪對他們來說並不是幻想出來的，而是孩子將故事書中、卡通裡的、電影中的、其他人口中的故事角色信以為真，而產生如此「真實」的害怕。

那麼，我們該如何引導呢？以下幾點各位爸爸媽媽可以試試看喔！

Step 1：利用引導「害怕」的決策，
　　　　 幫助孩子對害怕的事物進行預期

可以先跟孩子討論，你怕鬼從角落跑出來對嗎？那如果發生了，你會怎麼做呢？

也可以教導孩子，不管有沒有鬼，他都可以藉由大叫吸引大人過來幫他。如此，孩子下次可能就會預期，即使我害怕，但只要我大叫了，就會有人過來幫我。

Step 2：反過來利用「眼見為憑」，
讓孩子學會如何打敗這些怪物

試著跟孩子讀跟怪獸有關的繪本，讓孩子看到「喔！原來怪獸怕護身符」，並在讀完後與孩子一起做一個一樣的護身符。

Step 3：讓孩子學會區辨「虛擬」與「現實」

有研究報告指出，四至六歲的孩子約有 74% 會害怕怪獸、六至八歲則約有 53%，十至十二歲的孩子，就只剩 5%會出現害怕的狀況，也就是說，區別的能力會隨著年紀而慢慢成熟。

這個成長趨勢，除了代表孩子的認知能力越來越成熟之外，也在於孩子在「真實」的情境中，獲得更多「身歷其境」的體驗，並逐漸能夠區辨原來許多東西是虛擬的、是虛構的。

因此，在這個階段，我們就可以藉著帶孩子多體驗不同的生活刺激，並在增加「真實」現實出現的機會之下，減少這些想像現實的不確定感。

最後，我曾看過網路上一段許多人轉傳的影片，標題是＜害怕，都是你想像出來的！＞影片中的孩子似乎正因溺

水而不斷地掙扎，旁邊的人卻大笑，不斷告訴他：「你要不要站起來看看！」

初期小男孩越聽越怕，反而掙扎得更嚴重，直到最後的某一刻站了起來，才發現水深其實只到自己的腰部而已。

影片似乎是想告訴大家，許多恐懼，其實是你自己想出來的，所以你才會越想越怕。

但我想說的是，**對於那些正在恐懼中的人來說，他們所害怕的事情是真實的，是確實存在的。**

我們會害怕，是因為我們不確定事情會怎麼發生，所以對於害怕，我們該做的，不是停止我們的想像，而是去預期他、去體驗它，去「確定」它，這或許就是解決你害怕，最好的方法。

🏛 討厭就是討厭！

小巧今年五歲，某天放學回家時，跟媽媽說她不想再去幼兒園，嚇了媽媽一跳。

明明上禮拜都還開開心心的分享在班上發生的事，怎麼會說不想去就不去？一問之下才發現，原來小巧班上有位同學，每次都會沒經過小巧的同意就拿走她的東西，雖然都會再還回來，但小巧就是覺得同學很沒禮貌，很討厭。

小巧說，「我有把所有的東西都藏在包包裡，但同學還是會來翻我的包包，那我乾脆不要去學校好了，就不會遇到同學了。」

當你聽到孩子說：「我討厭吃這個東西！」「我討厭這個人！」時，你會有什麼反應呢？

你可能會覺得孩子怎麼這麼任性，有得吃就很好了，怎麼還挑食？或是不懂明明昨天還在跟朋友玩在一起，怎麼今天說討厭就討厭？

就情緒本質來看，討厭的確是個「自我」的情緒。

因為這個感受只發生在感受到「不舒服」的人身上，因此旁人可能會無法理解或同理。此時如果你還強迫孩子去「接受」這個「引發討厭」的東西，那孩子就只會更加不舒

服，就有可能會更加討厭他／它。

我們要怎麼引導孩子面對「討厭」呢？從「討厭」的準備狀態來看，孩子的本能反應的確是「避開」「我不要再碰到」，但如果逃避不舒服的刺激，那再遇到這個刺激源時，可能還是無從解決起。

這時，引導孩子做出「保護自己」的決定，或許就可以讓孩子試著解決「討厭」，並在此過程中，還可以陪孩子釐清到底是什麼原因而感覺不舒服。

一樣，我們先用情緒本質的架構來分析一下事件。

· 基礎情緒：討厭／噁心
· 情緒的本質（身體準備狀態）：我的東西被拿走，我覺得不舒服。
· 情緒的目的（賦予事件的價值）：同學讓我不舒服。
· 促使做出的決定：我不要再碰到！不想再碰到同學。

接著，用三步驟引導孩子解決自己不舒服的感受：

Step 1：面對情緒

「你是不是覺你不想再見到同學？也不想碰到他？這樣的感覺叫作討厭喔！那你可以再跟我說一次你的感覺嗎？」

Step 2：釐清情緒

與孩子討論討厭同學的原因：

「同學最讓你不舒服原因在哪裡呢？是同學做了哪些事，讓你不喜歡他呢？」

「因為別人對我做出讓我不舒服的動作，我們會討厭他是很自然的喔。」

Step 3：解決自己的情緒需求

讓孩子知道「哪些是明確讓我不舒服的原因」之後，我們就可以試著讓孩子在「解決這些讓我不舒服的原因」中學會保護自己：

「你討厭同學，其實是你不喜歡他沒經過你同意就拿你的東西對嗎？那我們一起來想辦法，看有沒有什麼可以保護自己的方法。

「我們可以試著先跟同學溝通看看，比如跟他說，如果要跟我借東西，我會借你，但你要先問我，因為那是我的東西。如果溝通完還是沒用，那我們可以試著請老師幫忙。」

在討厭情緒中，我建議作出「保護自己」的原因，就在於我們其實不太習慣去解決自己「不舒服」的感受，而只是逃避、或避開。但這些讓我們不舒服的刺激，雖然大多不太有立即性的危險，卻還是有可能會傷害我們。

若孩子只有「逃避」一招，下次仍有機會遇到這樣的刺激源，他卻無從面對起。比如我們平常就有必要教孩子「身體的哪些部位不能碰」，或「覺得被碰到了不舒服」，除了遇到時要趕快避開之外，還要跟你信任的大人說，才能保護自己。

挑食的部分也是，父母大都是基於「太挑食會營養不均衡」，而希望孩子可以不要對某些食物太過排斥。但我們也絕對有「不強迫」孩子，而讓他們學會怎麼面對自己不舒服感受的方法。

我們可以先問孩子，你不喜歡吃○○○，是因為它的味道嗎？還是口感，還是要咬很久所以討厭？

在不同「讓自己不舒服」的原因裡，也會有不同的解決方法。如果不喜歡它的味道，那我們可以試著把它混在喜歡的食物中，就不會因為「味道」而不舒服。

這時甚至可以鼓勵孩子參與烹飪，讓孩子在「玩，且愉悅」的做菜過程中，處理掉讓自己不舒服的感受。

你也可以與孩子討論，如果你不喜歡吃○○○，還有哪些替代食材我們可以試試看呢？而在這個過程中，**我們其**

實就是在引導孩子「你的不舒服，我尊重。然後我們可以用什麼方式，來解決自己的不舒服。」

最後，也有一些討厭，其實你並不是討厭這整個人、這整個環境、這整個東西。你只是因為這個人的「某個特質」「某個動作」讓你不舒服。

孩子在同理心未成熟前，就會因為「單一面向的不喜歡」而否定掉整個人或拒絕參與某些事。

此時我們的引導，除了幫助孩子解決自己的不舒服之外，其實也是讓他在過程中發現，這些讓我不舒服的事物中，或許還有我沒發現的特質，也有讓我可以試著包容的地方呦！

🏛 你再生氣，我就要處罰你

爸媽正手插著腰，口沫橫飛地訓斥著孩子。而孩子也不遑多讓，尖叫、推擠爸媽、躺在地板上搥地板樣樣來。

然後，不知道是爸爸還是媽媽大聲咆哮：「你再繼續生氣，待會看我怎麼處罰你！」結果換來孩子更激烈的反抗。

不知道大家聽到「你再繼續生氣，待會看我怎麼處罰你！」這句話感覺如何？

我每次聽到時，都會想要搖頭。原因並不是來自於大人都不能生氣、一定要好聲好氣的跟孩子溝通，或是我們不能恐嚇孩子，而是上面的狀況中的大人，**不是也在生氣中嗎？那憑什麼大人可以用生氣的方式，來叫孩子不能生氣呢？**

此外，我們其實也知道這是一句「氣話」，而氣話最大的特點，就是**藉由傷害別人來抒發你的情緒，但完全無法解決問題。**

我們在日常生活中，在與人相處上，也許是習慣的關係，我們還是很常用「氣話」來當作解決問題的方法，結果你們也知道了，只是把事情越搞越糟。

或許大人其實也還沒找到方法來解決自己生氣的情緒，當然更無法面對生氣中的孩子。

我們這節就來好好討論一下，應該怎麼看待「生氣」的情緒，以及如何引導生氣中的孩子。

比如孩子的內在需求是「想看電視」，但是爸媽覺得睡覺時間要到了，因此要孩子把電視關掉。此時孩子就會試著用「生氣」來控制外在環境，以符合自己的內在需求。

・基礎情緒：生氣。
・情緒的本質（身體準備狀態）：內在需求（想看電視）與外在環境不平衡（爸媽說不能看，愉快的情緒要被剝奪了），因此會試著改變外在環境，來符合自己的內在需求。
・情緒的目的（賦予事件的價值）：失去控制。電視就要關掉了，我不能看了。
・促使做出的決定：我要控制！我現在就是要看！不然我要摔遙控器！要大叫！

在引導的部分，由於生氣情緒本質的關係，我們可以有兩條路來解決：**一、針對外在事件來進行溝通**，比如試著提出大人可以接受的方式，來改變情境；**二、針對內在需求來進行調整**，比如孩子自己改變想法，讓內在需求在調整後

與環境取得平衡。

Step 1：面對情緒

　　「你現在是不是拳頭握緊，想要打人？你是不是想要大叫，不想要關掉電視？你會這樣想，是因為你在生氣中喔，來，你自己講一次。」

Step 2：釐清情緒

　　與孩子討論生氣的原因：

　　「你會生氣，是不是你想看電視，但我說不能看了？」

Step 3：解決自己的情緒需求（生氣情緒──解決問題）

　　孩子通常都想不太出來解決問題的方法，但家長還是可以跟孩子討論後，適時地提出解決問題的方法：

　　‧解決外在事件（溝通）：「你不想馬上停下來我知道，那你可以試著跟我說，你想看到這個段落結束。」

　　‧解決內在需求（認知彈性）：「我明天一定會讓你看，只是你現在不能看。」

　　各位有經驗的家長都知道，解決問題的階段，才是最困難、需要無數次嘗試與練習的部分。

　　大家可以往前參考 P168，我也在下面整理出可以注意

的地方：

1. 與孩子溝通時，注意地雷區

為了避免讓衝突越滾越大，甚至產生節外生枝的狀況，以下就是我們可以試著避開這些地雷區！

（1）預告很重要

許多生氣的時刻，是來自於外在事件突然的改變，導致與需求不平衡所致。

比如明明沒有預期要在哪時候關電視，現在卻突然被要求，所以本來看電視很開心的情緒，卻因為突然被抽走而感到天崩地裂。

給預告是很重要的，除了讓孩子可以有緩衝時間之外，他也比較能有所預期。

不僅如此，**我也會建議用次數、回合或段落來作為預告的方式，而不要用時間。**比如「你再讓車停進停車場三次，我們就要收起來了呦！」而不是說「再給你五分鐘喔！」

這是因為孩子多半對時間流逝的概念還未成熟（會看時鐘，不代表孩子就能感知時間的流逝喔！）而且我們說的時間點時，常常是孩子正在「興頭」上的時刻。

想想，如果你都要破關了，雖然時間到了，但你會接受停止嗎？因此，用次數或段落的預告，才能讓孩子在「告

「一段落」的地方痛快的結束。

（2）提出替代的解決方案

當大人在調整自己的內在需求時，常用的方法就是提出替代方案。

比如「好不容易等到禮拜天，可以出遊」（內在需求），卻遇到下大雨了！（外在事件的不平衡）」。

此時雖然難免會心情不佳，但我們還是會告訴自己：「沒關係，下禮拜還有機會可以出遊。」因而得到情緒上的緩解。

而孩子由於認知彈性不夠成熟，還無法轉彎或想到其他可能性，所以只要一被阻止就覺得「為什麼我不能玩車車！」而感到天崩地裂、世界末日。此時，其實孩子的心聲是：「你不讓我玩，那我就永遠都玩不到了！」

此時，我們即可利用提出「替代方案」的方式，來當作解決策略的一種，並在替代方案可以調整內在需求的作用下，協助調節生氣的情緒。

「你可以玩喔！但要吃完飯才能玩！」

但要注意的地方是，像不像替代方案，就端看你說的像不像是一個「可替代」的方式，還是只是讓孩子認為你還

是在拒絕他。

比如「你現在就是不能玩，明天才能玩」與「你可以玩！只是要等到明天」造成的效果，就可能會完全不一樣。**試著把肯定句放在前面，或許就會有奇效也說不定喔！**

（3）讓孩子有選擇權

生氣賦予事件的價值，就來自於覺得事情失控了，因此想要「控制」。此時我們若只是一味拒絕孩子，反而會讓他因為「更失控而更加生氣」。

此時試著提出一些選擇，反而就會讓孩子覺得「是我在做選擇、所以我有在控制」而願意溝通。

比如「那我讓你選喔，你要今天把這一集看完，但明天不能看電視，或者現在先不要看，但明天可以選自己喜歡的卡通節目，你要哪一個？」

此外，提出選項還有另一個好處，就是你可以把選項控制在「你也可以接受」的範圍中。

（4）抓好孩子生氣的強度，以及適當的介入時機

不管是誰，情緒不會一開始就走向爆發，會有個漸進的過程，只是快跟慢的差別而已。

若將生氣分為一至十分的等級，上述用「溝通與協調」的方式當作解決問題的策略，最適合在七分以下，還沒到十

分生氣的孩子。家長也需要練習抓好時機，在生氣點還沒超過七分前，就適時的跳出來提供解決策略。

但難免還是會有十分暴衝的時刻。我建議如果不小心走到這一步，只要孩子不會有危險，那就可以讓孩子適時的發洩情緒，並在發洩完之後再與孩子溝通。

2. 如果孩子在生氣過程中動手打人，我該怎麼處理？

雖然「生氣」是原始情緒且每個人都會有，但每個人會生氣的點、表達生氣的方式都不太一樣。比如有些孩子的內在需求不是特別需要電視，那此時即使叫孩子將電視關掉，他也不會有太大情緒。

生氣時會做出來的行為也是，即使「生氣」所誘發的是想要得到「控制」，但控制環境的方法因為人格特質、教養經驗或面對對象的不同，也會出現不同的方式。

大致上來說，控制可以經過兩件事來做到，一是藉由肢體動作，也就是動手來操控；一是我們可以靠「嘴巴」，也就是藉由說的話來控制他人。

從肢體到嘴巴控制的轉換，也是許多孩子在發展中會經歷的過程。

兩歲半至四歲是孩子動手打人的好發期，直到四歲後，孩子開始慢慢地社會化，而知道打人是不被社會所接受的，

就會慢慢學著用嘴巴來控制環境。

如果孩子在生氣時會出現打人的行為，**最重要的引導，是讓孩子將行為轉化成用語言來與大人溝通**，來得到他想要的控制。

若孩子出現打人的行為時，我會明確的跟他說：「打人是得不到你要的東西的喔，但你可以用說的。」

若此時的孩子語言能力不夠成熟，無法明確地講出他想要什麼，或用適當的方式溝通怎麼辦？這時我額外會做的，就是將要表達的話講一次後，再請孩子複誦：「那你把我說的話重說一次。你說，我真的很想看電視，可以讓我看到這個卡通結束嗎？」

家長們也要留意，自己是否平常在阻止孩子時，也會「出手」阻止。掌權者動手的動作，就可能是讓孩子學到我該用肢體動作來控制其他人的方式的源頭，若有的話，可能也要先改改呦！

3. 從孩子的生氣事件中，發現孩子的內在需求

「什麼？孩子的內在需求不就是得到他想要的嗎？還有什麼好了解的？」或許大家會這麼想，但除了明顯的生理需求之外（想吃東西、想睡覺、想要愉悅感），其實我們也有所謂的基礎心理需求。

每個人對於這些心理需求的需求程度不同，因此有可

能會因為某項需求的需求程度較高，而導致容易因為這項需求而與外界起衝突。

當我們沒有引導孩子學會用原始情緒以外的方式來獲得內在與外在的平衡時，除了孩子對於自身不甚了解之外，他也會習慣地用生氣來面對自身需求不滿足的狀況。因而即便長大了，社會化了，仍被需求與外在事件的不平衡綁架，卻也無從解決起。

至於有哪些基礎的心理需求需要注意呢？以下即列出幾點供大家參考：

基礎心理需求	需求層面	容易起衝突的原因	引導
依附需求	希望依附對象能夠同理自己的情緒	當依附對象無法同理自身情緒時（討拍不成？）	引導孩子不要只有肢體或表情的情緒表現，而要將情緒「說出來」，大人才能協助處理
完形需求	希望事情能告一段落	當事情沒有「結尾」、或無法「一段落」時（需要有結局）	在做事情前，就先有步驟或段落的規畫，因此可以在即使事情做到一半被打斷，也能夠知道可以回來從段落繼續開始

預期需求	希望事件能夠朝向預期的走向發展	當事情的走向與預期不一樣時	能夠至少預期三種，可能會發生的情況，藉此增加彈性，以容忍與預期走向不同的情況發生
控制需求	希望人、事、物能在自己的意念控制之下行動	當人、事、物出現失控的狀況	在「事、物」失控時，學著解決問題；在「人」失控時，學會「溝通與協商」
自尊需求	希望能維持自己「良好」的形象	當被別人發現自己的缺點、或在大家面前出糗時（偶包？）	改變我們與孩子溝通的方式，在說他的缺點之前，也要加上他有做好的地方，孩子才不會因此覺得自己什麼都很不好，而需要維持自尊

　　看完這些基礎心理需求後，大家有沒有發現，自身或孩子容易發生衝突的原因，就是來自於某個特定的點呢？如果有的話，也許是他這項的心理需求程度較高導致的！

　　此時我們就有機會從孩子容易發生的衝突點中，找出他需求的原因為何，並加以引導，讓他知道這項需求如何用適切的方式平衡。

4. 稱讚孩子用解決問題的方法，調整自己生氣的情緒

　　回到文章最前面的場景，其實叫孩子不能生氣，或因為孩子生氣而處罰的教導方式，孩子還是學不到怎麼面對情緒，當然更不用說從情緒學到面對自己需求的方法。

　　我們活在不斷變動著的環境中，其實也很容易遇到內在需求與外在事件不平衡的狀況，那我們也要在每次有這樣狀況發生時，告訴自己不能生氣，生氣是不對的嗎？

　　所以，最後我也想鼓勵大家，在自我檢討以及與孩子互動時，告訴自己與孩子：「不是不能生氣，而是我們有沒有從生氣中，意識到自己的內在需求與外在環境不平衡了。試著去解決問題的我們，很棒！」

🏯 這沒什麼好哭的

這個故事發生在我還沒有太多臨床經驗的時候。

那時候只要碰到孩子因為玩遊戲輸了而哭的時候，就會試著安慰他：「這只是遊戲而已，本來就會有輸有贏，而且輸了也不代表你不好，所以輸了也沒關係喔！」本來以為這樣安慰萬無一失，直到那一次。

我帶著孩子玩投籃遊戲，進一顆我就在記分板上畫一條線，直到每個人十顆球都丟完，看誰進最多顆球。

我甚至在遊戲還沒開始，就先幫孩子們打預防針：「輸了有關係嗎？」然後孩子們就會訓練有素地回答：「沒～關～係！」

遊戲如火如荼的進行著，直到某位孩子面對著計分板，因為一分之差的輸而哭得淅瀝嘩啦，我也開始用與過往一樣的流程安慰著孩子。

我先是蹲了下來，然後用手輕輕地拍著他的背，最後講了上面那串話。但孩子的眼淚仍不停啪拉啪拉地流，掏心掏肺地說：「輸了有關係啊，輸了我真的很難過啊！」

望著孩子的臉，我突然覺得我好像做錯了什麼。而我也發現，其實我也記得那個輸了很難過的感覺。

甚至要我說，其實我輸了也會不甘心、也會想要有人

拍拍我，**但我會想要有人跟我說：「輸了沒什麼嗎？」**如果有人這樣跟我說，我可能會回嘴：「廢話，輸的人又不是你！」

那為什麼我要洗腦孩子輸了沒關係呢？只是強迫著他們講著，然後變成了一種口號嗎？還是希望孩子在不斷地重複的話語中，說服自己真的不要在意輸贏？這樣對自己說，挫折忍受度就真的會提升嗎？

我帶著這些問題思考了許久，發現我理論都白念了。

「難過」本來就是一種帶有自我調節的情緒狀態。它是在你感到很痛苦時，身體為了幫你減輕痛苦啟動的機制；它是在你負荷壓力時，幫你減輕壓力的一種宣洩；它也是在你「失去」時，自我療傷的過程。

而難過時的哭泣，其實也是我們啟動「回復」機制的過程。有研究發現，在哭時我們會有意識的調整呼吸，因此在壓力之下的心跳加快或被影響的生理狀態，可能就在哭完之後得以調節，要說哭泣其實是最好的療傷劑也不為過。

不過，面對不同事件帶給你痛苦程度的不同，有時光靠自我療傷是不夠的。在難過的情緒裡，我通常會建議可以引導做出的決定是，尋求幫助。

比如就前述的例子中，一位因為「輸了遊戲」而感到十分難過的孩子，我們可以先試著分析這個事件。

· 基礎情緒：難過

· 情緒的本質（身體準備狀態）：調節內在感覺，以減輕痛苦。看到最後輸了一分，覺得心臟碰碰跳，有被撕裂的感覺，開始流眼淚、啜泣、呼吸加快。

· 情緒的目的（賦予事件的價值）：失去、受苦。輸了一分，讓我很難過。

· 促使做出的決定：我不想輸，我想尋求老師的幫忙以減低痛苦。

接著，用三步驟引導孩子解決難過的感受：

Step 1：面對情緒

「你現在是不是眼淚一直流，停不下來？是不是覺得心臟這邊緊緊的，很不舒服？這樣的心情叫作難過，是你的身體想要幫你減輕不舒服感覺的過程，是非常正常的喔！」

「你可以再跟我說一次你的心情嗎？」

Step 2：釐清情緒

「你難過是因為你想贏，但結果輸了對不對？」

Step 3：解決自己的情緒需求（難過情緒——尋求協助）

「難過的時候，你可以找人說說你難過的原因，你會

覺得比較舒服喔！知道你很難過，老師跟爸爸媽媽也會抱抱你，等你不難過了，我們再一起練習，好嗎？」

「等你不難過了，我們可以一起想想，怎麼在下一次比賽的時候，讓自己進步。」

最後，我很感謝那位跟我說心裡話的孩子。

他提醒了我不只是對難過情緒的看法，而是再一次告訴我：「所有的情緒，都很正常，都有它存在的必要。」

當我們只是說：「啊，這沒什麼，沒必要這樣」時，其實根本就沒引導孩子去面對情緒。

後來的我，在遊戲開始前會試著問他們：「遊戲輸了，可以覺得難過嗎？」然後，我會非常堅定的跟孩子說：「可以呦！覺得難過很正常。」

而就在我開始這樣做的時候，我開始發現，孩子會在哭完之後跟我說：「老師，我想再試一次！」

🏛 一生要追求的，只有快樂而已？

在 1970 年代左右，美國史丹佛大學的心理學教授沃爾特・米歇爾（Walter Mischel）做了一系列非常有名的實驗，也是後來所謂的「棉花糖理論」的起源。

他們找來一群平均四歲的孩子，並在孩子面前放了一顆棉花糖，並告訴孩子他們可以隨時吃掉眼前的這一個棉花糖，或他們可以等大人回來後，再得到一個棉花糖。

有些孩子吃了，有些沒有，而第一次的研究也著重於分析那些沒吃棉花糖的孩子，是用什麼方法抗拒誘惑。

真正讓這個實驗聲名大噪的地方，在於他們在三十年間對實驗測試者做了追蹤，而追蹤結果發現，那些「抵抗」誘惑、得到更多棉花糖的孩子，似乎也在青少年或成人之後得到更高的成就！

他們擁有較高的學業成績、較能事前計畫，以及有較高的自我價值。此外，他們出現藥物濫用、品行問題、體重超標的機會也較低。這些發現似乎都在指向：「只要我能抵抗誘惑，學會忍耐，那麼我不只是能得到更多棉花糖，這個延宕滿足的能力，也能帶給我人生正面的影響。」

這個結果，不僅僅帶來了更多與「延宕滿足」相關的研究，也旋即成為了一股社會與教育的旋風，讓許多家長視

忍耐為圭臬，就為了孩子將來夠有機會成功。

但，事實真的是這樣嗎？

在 2018 年，有另外一群團隊發表了另一篇研究，此研究的實驗設計其實就是棉花糖實驗的翻版。

但在這次的這個實驗中，團隊將原本的樣本數從九十人擴大到九百人，並包含了更多變量進去（有不同的社經地位、家庭背景、母親的教育程度、種族等）。

當實驗加入了變項，並分析四歲半時「忍耐時間的長短」與將來的「成就」的相關性時，結果發現，**雖然相關性是有，但比起原先實驗所顯示的「顯著相關」來說，幾乎是十分之一。**

重要的是，當考慮進孩子的家庭背景或認知能力，這個相關性又更低了。

這意味著什麼？意味著我們不需要訓練孩子延宕滿足了嗎？反正訓練了孩子也不會因此比較容易成功不是嗎？

那我為什麼在「快樂」的情緒議題裡，還會建議大家引導孩子「延宕滿足」呢？我們在引導孩子做出延宕滿足決定時，又該聚焦在哪裡呢？

首先我們要知道，訓練延宕滿足的目的，是增加孩子的「自我控制」。訓練自我控制其實也不是為了增加學業成

績，而是減少因為自我控制不成熟帶來的負面影響。

比如一位不會延宕自己需求的孩子，就經常會想做什麼就做什麼。腦子一熱，即使老師在台上講話，他就一定要衝到台前發表他的意見，而無法等老師說完再舉手提問，因此也容易造成團體生活的困擾。

或者，相信各位家長一定也有這樣的經驗，當孩子無法延宕滿足時，也容易想要什麼就非得要得到，得不到時不是一哭二鬧，就是可以賭氣好一陣子。

從「延宕滿足」的練習中，我們能夠教導孩子許多自我控制的方法，而讓孩子在「欲望」還相對單純的時後，就有機會練習，不要等到長大了，欲望變多、變複雜了，對於自我控制卻沒有什麼經驗。

其次，「延宕滿足」並不是要教孩子忍耐。我今天忍，明天也忍，那到底什麼時候才能吃棉花糖？我忍耐要幹嘛？

我們不是要孩子忍到天荒地老，**而是與孩子一起學會不被「快樂」牽著走，才不至於陷入無止盡的需索無度當中。**

不過，就是因為不是要求孩子忍耐，所以還是要讓孩子有機會滿足自己的需求，並在分配好自己「滿足」的時間點之下，該好好快樂的時候就好好的享受，而該控制時延宕自己的欲望。

而我也想藉由第二點的討論，來帶入我們在「快樂情

緒」裡的分析：美美今年三歲，非常喜歡喝養樂多，每次只要喝一瓶，就會吵著還要。

- ・基礎情緒：愉悅／開心
- ・情緒的本質（身體準備狀態）：引發動機，讓我再次尋求這個刺激。會一直看著養樂多，想要伸手去拿，想要再次喝到養樂多酸酸甜甜的感覺。
- ・情緒的目的（賦予事件的價值）：動機。養樂多讓我很開心。
- ・促使做出的決定：我還想要喝養樂多！

接著，用三步驟引導孩子解決難過的感受：

Step 1：面對情緒

「喝了養樂多之後，你是不是覺得很想要再來一瓶？你是不是很想要再次喝到養樂多酸酸甜甜的味道？」

Step 2：釐清情緒

「那你就是因為養樂多覺得很開心喔！那你自己說一次。」

Step 3：解決自己的情緒需求（開心情緒——延宕滿足）

延宕滿足，就是讓孩子學會分配、控制「滿足」自己的時間點。

「你明天當然還可以再喝一罐喔！只是今天已經喝過了。你只要等到明天晚餐吃完，就會再有一罐。」

當然，孩子一定不會在我們講完這句話就善罷甘休。他們仍會吵、會鬧，甚至出現「生氣」的情緒，來讓自己的需求獲得滿足。

此時，我們可以可以參考「生氣」情緒裡討論過的訣竅。當然，最重要的還是要讓孩子知道他什麼時候可以再獲得他想要的滿足，或可以怎麼調整自己的需求，而不是無限度地要求他忍耐！

此外，**許多家長會誤以為延宕滿足就是條件交換，其實這兩點是大大的不同。**

條件交換是我用「你要的行為」來換取「我想要的東西」，比如許多家長會用你考一百分，還換零用錢等方式激勵孩子；但延宕滿足就只是將自己的「欲望」或「滿足」，分配在可預知的時間點，因此這兩者就本質上就有所不同。

此外，「條件交換」會將孩子的注意力導向到「我要的東西」，而不是「我的努力或成就」上，因此也是我們會

提醒家長盡量避免的教養方式。

而「延宕滿足」由於會在過程中進行「自我控制」，最後又可以獲得「滿足」回饋，因此孩子也會將注意力導向到「有做到自我控制，我就可以滿足自己」上面，兩者對孩子的注意力導向，面向完全不一樣。

許多家長在平常就或多或少有在引導孩子做「延宕滿足」，差別只是在於有沒有引導自我控制的方法而已。但所有的「快樂」或「滿足」的感受，真的都需要延宕嗎？

比如「因為贏得球賽」而覺得開心，但有些家長會提醒孩子：「不要太開心！要勝不驕敗不餒。比你努力的人還多著！」「等到你贏了全國大賽再來開心！」

又比如孩子開心的跟你說，他這次考試只錯了兩題，你卻說：「這兩題也不應該錯，考一百分再來開心吧！」等。

這時的開心感受，是對「自己完成某些事情」的回饋，是一種自我價值，是鼓勵自己「再次」去克服練習上的困難，以及延續學習動機。所以此時我們誤以為的延宕滿足，不僅沒教孩子勝不驕敗不餒，反而會讓孩子失去對「自我價值」的肯定。

對於這類型的開心，就放心地讓孩子在開心的情緒裡吧！讓他擁抱自己的價值，比什麼都來得重要。

最後，成功與否本來就不止來自於一種能力，否則大家靠著訓練延宕滿足就可以期待自己會成功了！

　　也因為每個人對於成功的定義也都不太一樣，有些人覺得家財萬貫才是成功，有些人覺得健康平安才是需要追求的事。但不管如何，我們可以帶給孩子最好的禮物，不是讓在他接下來的人生裡，被追求快樂綁架；而是讓孩子在他追求自己覺得最重要的事情的過程中，感到快樂喔。

參考文獻

【第一章】

· Bowlby, J. (1944). Forty-four juvenile thieves: their characters and home-life. The International Journal of Psychoanalysis, 25, 19–53.

· Bowlby, J. (1988). A secure base: Parent-child attachment and healthy human development. Basic Books. · Debiec, J. & Sullivan, R. M. The neurobiology of safety and threat learning in infancy. Neurobiol. Learn. Mem. 143, 49–58 (2017).

· Poe GR, Foote S, Eschenko O, Johansen JP, Bouret S, Aston-Jones G, Harley CW, Manahan-Vaughan D, Weinshenker D, Valentino R, Berridge C, Chandler DJ, Waterhouse B, Sara SJ. Locus coeruleus: a new look at the blue spot. Nat Rev Neurosci. 2020 Nov;21(11):644-659.

· Harlow H. The nature of love. Am Psychol. 1958;13:673-685.

· Harlow H, Zimmerman R. Affectional responses in the infant monkey. Science. 1959;130:421-432.

· Harlow H. Development of the second and third affectional systems in macaque monkeys. In: Tourlentes TT, Pollack SL, Himwich HE, eds. Research Approaches to Psychiatric Problems. New York: Grune & Stratton; 1962:209-229.

· Olausson H, Lamarre Y, Backlund H, Morin C, Wallin BG, Starck G, Ekholm S, Strigo I, Worsley K, Vallbo AB, et al. 2002. Unmyeli- nated tactile afferents signal touch and project to insular cortex. Nat Neurosci. 5:900–904.

· Morrison I, Loken LS, Olausson H. 2010. The skin as a social organ. Exp Brain Res. 204:205–314

· Fairhurst MT, Looken L, Grossmann T. 2014. Physiological and be- havioral responses reveal 9-month-old infants' sensitivity to pleasant touch. Psychol Sci

Della Longa, L., Carnevali, L., Patron, E., Dragovic, D. and Farroni, T., 2020.Psychophysiological And Visual Behavioral Responses To Faces Associated With Affective And Non-Affective Touch In Four-Month-Old Infants.

· Gee, D.G., Humphreys, K.L., Flannery, J., Goff, B., Telzer, E.H., Shapiro, M.,Hare, T.A., Bookheimer, S.Y., and Tottenham, N. (2013). A developmental shift from positive to negative connectivity in human amygdala-prefrontal circuitry.J. Neurosci.33, 4584–459

【第二章】

· Ryan RM, Deci EL. Self-determination theory and the facilitation of intrinsic motivation, social development, and well-being. Am Psychol. 2000 Jan;55(1):68-78.

· Deci, E. L. (1971). Effects of externally mediated rewards on intrinsic motivation. Journal of Personality and Social Psychology, 18, 105–115.

· Forster, J. (2004). How body feedback influences consumers' evaluations of products. Journal of Consumer Psychology, 14, 416–426.

· Bargh, J. A., Chen, M., & Burrows, L. (1996). Automaticity of social behavior: Direct effects of trait construct and stereotype activation on action. Journal of Personality and Social Psychology, 71, 230–244.

· Aarts, H., & Dijksterhuis, A. (2002). Category activation effects in judgment and behaviour: The moderating role of perceived compatibility. British Journal of Social Psychology, 41, 123–138.

· Spivey, M. J., & Geng, J. J. (2001). Oculomotor mechanisms activated by imagery and memory: Eye movements to absent objects. Psychological Research ? Psychologische Forschung,

65, 235–241.

【第三章】

‧ Calder, A. J., Keane, J., Manes, F., Antoun, N. & Young, A. W. (2000) Impaired recognition and experience of disgust following brain injury. Nature Neuro- science 3:1077–78.

‧ Lindquist KA, Wager TD, Kober H, Bliss-Moreau E, Barrett LF. The brain basis of emotion: a meta-analytic review.?Behav Brain Sci. 2012;35(3):121-143.

‧ Damasio, A. R. 1994 Descartes' error: emotion, reason, and the human brain, p. 257. New York, NY: Putnam.

‧ Lerner JS, Li Y, Valdesolo P, Kassam K. 2015. Emotion and decision making. Annu. Rev. Psychol. 66

‧ Agosta F, Henry RG, Migliaccio R, Neuhaus J, Miller BL, Dronkers NF, Brambati SM, Filippi M, Ogar JM, Wilson SM, Gorno-Tempini ML. Language networks in semantic dementia. Brain. 2010 Jan;133(Pt 1):286-99.

‧ Bauer DH (1976) Exploratory study of developmental changes in children's fears. J Child Psychol Psychiatry 17:69–74

‧ Sharman LS, Dingle GA, Vingerhoets AJJM, Vanman EJ. Using crying to cope: Physiological responses to stress following tears of sadness. Emotion. 2020 Oct;20(7):1279-1291.

· Mischel, W., Shoda, Y., & Rodriguez, M. L. (1989). Delay of gratification in children.?Science, 244, 933–938.

· Watts, T.W., Duncan, G.J., Quan, H. (2018). "Revisiting the Marshmallow Test: A Conceptual Replication Investigating Links Between Early Delay of Gratification and Later Outcomes". Psychological Science 29 (7), 1159-1177.

國家圖書館出版品預行編目資料

撞牆教養學：用12個練習理解孩子，將衝突化為溝通的轉機／
童童老師 作.
-- 初版.-- 臺北市：：如何出版社有限公司，2021.09
256面；14.8×20.8公分.--（Happy Family；86）
ISBN 978-986-136-597-8（平裝）
1.親職教育 2.子女教育

528.2　　　　　　　　　　　　　　　　　　　　110012033

Eurasian Publishing Group
圓神出版事業機構
用心與你對話，給好書的質量

如何出版社
Solutions Publishing

www.booklife.com.tw　　　　　　　　　reader@mail.eurasian.com.tw

Happy Family 086

撞牆教養學：用12個練習理解孩子，將衝突化為溝通的轉機

作　　者／童童老師
發 行 人／簡志忠
出 版 者／如何出版社有限公司
地　　址／臺北市南京東路四段50號6樓之1
電　　話／（02）2579-6600・2579-8800・2570-3939
傳　　真／（02）2579-0338・2577-3220・2570-3636
總 編 輯／陳秋月
主　　編／柳怡如
專案企劃／尉遲佩文
責任編輯／丁予涵
校　　對／丁予涵・柳怡如
美術編輯／李家宜
行銷企畫／陳禹伶・曾宜婷
印務統籌／劉鳳剛・高榮祥
監　　印／高榮祥
排　　版／陳采淇
經 銷 商／叩應股份有限公司
郵撥帳號／18707239
法律顧問／圓神出版事業機構法律顧問　蕭雄淋律師
印　　刷／祥峰印刷廠
2021年 9月　初版
2023年 8月　2刷

定價 310 元　　　　ISBN 978-986-136-597-8